KB023105

입학
사정관제의
정석

나만의
포트폴리오
작성법

입학사정관제의 정석
나만의 **포트폴리오** 작성법

1판 1쇄 발행 | 2010년 1월 22일
   3쇄 발행 | 2012년 2월 17일

지은이 | 송태인, 이호경

펴낸이 | 김영선
기획·편집 | 이교숙
디자인 | (주)다빈치하우스- 이리라
펴낸곳 | (주)다빈치하우스- 미디어숲
주소 | 서울시 마포구 합정동 362-5 조현빌딩 2층 (우121-884)
대표전화 | 02-323-7234
팩스 | 02-323-0253
홈페이지 | www.mfbook.co.kr
출판등록번호 | 제 2-2767호

값 15,000원
ISBN   978-89-91907-32-4 (13370)

＊ 이 책은 (주)다빈치하우스와 저작권자와의 계약에 따라 발행한 것이므로
   본사의 허락 없이는 어떠한 형태나 수단으로도 이 책의 내용을 사용하지 못합니다.
＊ 미디어숲은 (주)다빈치하우스의 출판브랜드입니다.
＊ 잘못된 책은 바꾸어 드립니다.

이 도서의 국립중앙도서관 출판시도서목록(CIP)은 e-CIP 홈페이지
(http://www.nl.go.kr/cip.php)에서 이용하실 수 있습니다.(CIP제어번호 : CIP2009004256)

입학
사정관제의
정석

나만의
포트폴리오
작성법

송태인 · 이호경 공저

미디어숲

Portfolio

차 례

제3부
나를 디자인하는 말·글 표현 여행

포트폴리오는 준비된
나의 성공 자서전이다

입학사정관전형으로 합격한 학생들의 공통점은 '내 인생은 나의 것, 대학은 내가 선택한다' 라는 자기존중의식과 자신감이었습니다. 기존의 우리 교육문화에서 이러한 학생들은 그저 튀는 소수의 특이한 존재에 불과했습니다. 하지만 시대가 변화함에 따라 인재의 기준이 달라졌고, 급기야 대학입시에서 개성과 인성 그리고 창의성을 평가요소로 삼기 시작했습니다.

비단 입학사정관제가 아니더라도 이제는 기존교육에서 비롯된 인재의 기준과 평가방식에 대해서 공공연히 문제를 제기합니다. 지식의 숙달정도를 묻는 기존의 성적이 과연 21세기 지식정보사회에서 요구하는 인재의 기준에 부합하는가? 교육은 변화하는 환경을 적극적으로 인식하고 창조적인 삶을 살기 위한 행위인데 과연, 우리 교육은 미래에도 지속가능한 경쟁적 모형인가? 동서고금을 막론하고 교육은, 사람이 사람답게 살고 더 행복한 삶을 위한 준비과정인데 과연 현실의 우리 아이들은 행복을 준비하는 공부를 하고 있는가?

  입학사정관제는 이러한 기존교육의 문제의식에서 출발한 대안으로써, 보다 선진화된 평가방법을 시도하려는 것입니다. 입학사정관전형에서는 '정성평가' 라 하여 기존의 정량적인 결과만 평가했던 방식에서 한걸음 더 나아가 그 결과에 이르게 된 '동기' 와 '과정' 까지 모두 평가합니다. 기존교육에서 간과했던 미래의 가능성과 잠재능력 그리고 인성, 사회성 등 글로벌 시대에 사람이 갖추어야 할 다양한 요소를 입체다면적으로 평가하려는 것입니다.

  새 제도의 도입취지를 살리고 우리 교육을 정상화하기 위해서는 입학사정관제를 단순히 일부 대학의 입시제도로 인식해서는 안 됩니다. 그럴 경우 교육주체들은 기존교육에다 입학사정관제라는 새로운 짐을 하나 더 안게 되는 것으로 받아들여 더욱 혼란만 부추기는 결과를 초래하게 될 것입니다. 새 제도는 엄밀히 말하면 우리 교육의 근간을 다시 짜자는 이야기입니다. 기존교육에서 교육의 주권이 교사와 학교 그리고 입시였다면, 이제 학생에게로 주권을 넘기자는 뜻입니다. 즉, 학생이 교육의 주인이 되어 내 꿈과 행복을 위해 스스로 인생을 설계하도록 돕는 것이 교육의 역할이라는 의미입니다. 그렇다고 해서 기존교육을 부정하는 것은 아닙니다. 하지만 교사는 변화하는 환경을 주도적으로 인식하고 미래의 청소년들에게 꿈과 희망 그리고 현실을 직시하도록 가르칠 의무가 있습니다. 따라서 가르치는 일에 종사하고 있는 사람들은 잠시 가던 길을 멈추고 내가 지금 가르치고 있는 것에 스스로 만족하는지, 미래적 가치를 충분히 전달하고 있는지 돌아볼 필요가 있으며, 만약 그렇지 않다면 교육의 출발점을 다시 한 번 검토해 보기를 간절히 권합니다. 왜냐하면 교사의 일상적인 생각과 무심코 던진 한 마디의 말이 한 사람의 일생을 좌우할 수도 있기 때문입니다.

입학사정관제가 도입되면서 교사와 학부모들이 가장 먼저 부딪치는 문제는 '학생 개개인마다 꿈과 적성이 모두 다른데 무엇으로 어떻게 지도할 것인가', '새 제도에 맞추어 공부하려면 학생 스스로 자발적 참여와 열정이 필수요건인 데 반해 다수의 학생들은 미래에 대한 계획 없이 막연히 학교 스케줄에 맞추어 다닌다. 그렇다면 무엇으로 어떻게 자기 주도적인 학습습관이 되도록 도울 수 있겠는가', '입학사정관전형에서 사용하는 정성평가라는 것은 구체적으로 무엇이며, 무엇으로 어떻게 준비해야 하는가', '앞으로 개인 포트폴리오 관리가 중요시된다는데 어떤 형식과 내용으로 채우는 것이 유리할까' 라는 생각입니다.

필자는 이 문제에 대해서 먼저 고민하고 학생들을 지도해온 경험을 토대로 나만의 비전 포트폴리오 작성법 프로그램을 내놓게 되었습니다. 이 프로그램은 '스스로 찾는 꿈, 스스로 즐기는 공부, 스스로 쌓는 액티비티, 나만의 차별화된 비전 포트폴리오'를 만들어 가도록 돕습니다. 또한 교재는 워크지 형식으로 구성해 학급 내에서 모둠식 토론수업으로 특수한 학생만이 아니라, 일반적인 학생들에게도 광범위하게 적용하도록 했습니다.

입학사정관제는 우리 교육의 새로운 희망입니다. 이 제도는 청소년의 꿈을 소중하게 여기기 때문입니다. 비전이 없는 개인과 사회는 행복할 수 없습니다. 행복을 준비하는 교사, 학부모, 학생들에게 이 제도가 힘이 되었으면 합니다.

이 책이 나온 일등공신은 글을 제공해준 학생들입니다. 이 지면을 통해서 다시 한 번 감사드립니다.

아침교육연구소 대표 송태인

여는 글 2

21세기 인재상은
창의성과 융합능력!

  '입시지옥', 우리나라의 입시제도를 가장 적절하게 한마디로 표현한 말입니다. 내가 한눈파는 순간에 경쟁자의 책장이 넘어가고 있다는 심적, 물리적 압박감에 시달리는 학생들을 위해, 미래가 요구하는 인재상에 맞는 적절한 입시제도를 만들기 위해 우리 사회는 그동안 숱한 입시제도의 변화를 겪어왔습니다.

  본고사에서 학력고사로, 다시 수학능력시험으로 제도의 변화를 겪었고 그 세부내용을 살펴보면 해가 바뀌는 햇수 만큼 입시제도 역시 변화해 왔다고 해도 과언이 아닙니다. 하지만 이러한 변화에도 불구하고 성적으로 줄 세우는 입시제도의 본질은 변하지 않았고, 학생들에게는 제도의 개선이라는 순효과보다 변화로 인한 혼란이 더 컸습니다.

  또한 성적이 개인이 가진 경쟁력을 표현할 수는 없다는 한계 역시 극복되지 못했던 것이 사실입니다. 그리고 이제 우리 사회의 입시제도는 '입학사정관제' 라는 전혀 새로운 제도의 출현을 맞이했습니다.

　2011학년도 대학 신입생의 열 명 중 한 명이 입학사정관제를 통해 선발될 예정이며, 민사고 등에 이어 외국어고등학교 역시 입학사정관제로 신입생을 선발하기로 함으로써 입학사정관제는 대입뿐 아니라, 특목고 입시의 주요한 신입생 선발제도로 자리 잡게 되었습니다. 하지만 아직은 생소한 입학사정관제도로 인해 일선 학교나 학원 등의 입시현장과 학부모, 학생 등은 혼란스러움을 느끼고 있는 것이 사실입니다.

　무엇보다 입학사정관제에 대한 정보가 부족해 학생과 학부모들은 어떻게 준비해야 하는지 모르고, 학교와 교사는 학생들의 지도에 어려움을 겪고 있는 현실입니다. 이러한 혼란은 입학사정관제의 취지와 목적을 이해하고 이에 맞추어 보다 일찍 학생 자신의 경력을 관리하고 경쟁력을 확보하는 것이 가장 확실한 해결책일 것입니다.

　입학사정관제는 미래 우리 사회가 필요로 하는 인재상에 맞추어 성적보다 학생의 잠재력을 보고 신입생을 선발하려는 제도입니다. 따라서 우리 사회를 이끌고 지탱하는 정부, 기업 등은 어떠한 인재들을 원하는가 하는 질문으로부터 입학사정관제도를 이해할 수 있을 것입니다. 우리나라 굴지의 대기업들이 신입사원을 선발하는 기준은 다양합니다.

삼성은 열린 마음, 열린 머리, 열린 행동, 인간미와 도덕성을 강조하고, 현대자동차는 도전, 창의, 열정, 협력, 글로벌마인드를, 그리고 SK 텔레콤은 창의력, 패기가 넘치는 도전자, 고객을 위한 가치 창조, 도덕성 등을 21세기 인재상으로 삼고 있습니다. 기업마다 여러 가지 언어로 달리 표현하고 있지만 유심히 살펴보면 공통된 기준이 있습니다.

실제로 미래의 인재상은 다음 두 가지로 압축될 수 있습니다.
첫째, 과거의 지식보다는 미래의 변화에 민감할 줄 아는 창조적 사고와 도전정신입니다. 인간의 능력 중 가장 위대한 것은 창조적 사고입니다. 창조적 사고를 통해 세상을 바꿀 수 있는 아이디어를 개발하고 개발된 아이디어를 세상에 빛을 발하게 할 수 있는 도전정신을 가져야 합니다.
둘째, 독보적인 존재보다는 융합적인 능력을 가진 사람이 미래의 인재입니다. 다양하고 복잡한 현대 사회에서 모든 조직은 협력적 문화 단계에 도달해 있습니다. 이는 다양한 정보의 융합이자 다양한 인재의 융합이기도 합니다. 이러한 입체화된 조직에 자신의 능력을 더해 시너지효과를 발휘하게 할 수 있는 융합력은 조직이 필수적으로 요구하는 사항입니다.

창의적 사고와 도전정신, 그리고 조직 안에서 조화를 이룰 수 있는 인성을 가진 사람이 바로 미래의 인재상이고 미래의 성공을 이끌어 내는 개인의 잠재력입니다. 이러한 잠재력을 키우고 이러한 잠재력을 표현할 수 있도록 커리어를 관리하는 일이 바로 입학사정관전형을 준비하는 것입니다.

또한 이는 자신의 미래 경쟁력을 확보하는 일임과 동시에 입학사정관제도를 통해 원하는 대학에 진학해 그 잠재력을 현실의 성과로 구체화하는 일입니다. 입학사정관제도를 준비하는 길은 바로 도전과 창의로 자신의 끼를 맘껏 발산하는 즐거운 일인 것입니다.

아이디어 스쿨 이호경

이 책은 크게 3부로 나누어 1부 '꿈과 적성·전공 찾기 프로그램' 2부 '전공 소양을 기르는 비교과활동 프로그램' 3부 '입학사정관전형을 위한 글쓰기와 면접 프로그램'을 다루었다. 이 책을 효과적으로 사용하기 위해서는 몇 가지 주의해야 할 사항이 있다.

첫째, 워크지 사용법이다. 워크지의 빈 공간은 각 단원의 주제를 충실하게 고민하게 하는 데 그 목적이 있다. 따라서 기존의 학습습관대로 무작정 빈칸을 채우려 해서는 안 된다. 각 발문이 무엇을 의미하는지 곰곰이 생각해 보고 필요 시 다양하게 변형해 주도적으로 사용하기를 권한다.

둘째, 합격생 글 읽기다. 사실 이 책을 쓰면서 가장 깊게 고민했던 부분이다. 프로그램 형식의 책은 독자들에게 사용법을 충분히 제공해야 한다. 그래서 처음에는 워크지에 적절한 사례를 채워주는 방법을 구상했다. 그러면 그 내용을 참조해 스스로 재구성해 사용할 것이라고 생각했다. 하지만 이 방법은 지도교안서로 변질되어 획일적인 학습지로 전락될 소지가 있다는 판단이 들었다. 그렇게 되면 입학사정관제의 기본 정신인 나만의 고민과 나만의 자유로운 서술형식을 살리지 못하게 된다. 그래서 그 대안으로 합격생들의 글을 사용하기로 했다. 워크지 사용에 대해서 개괄적인 설명만 하고, 그 뒤에 합격생 글을 보여줌으로써 학습자 스스로 유추해 워크지를 다양하게 변형시켜 창조적으로 활용하도록 했다. 무엇보다 합격생의 글 읽기가 중요한 것은 합격생들의 글 속에는 비전과 희망이 살아 있다는 점이다. 따라서 이 글은 입학사정관전형을 준비하는 학생들에게는 자극과 방향을 제시해줄 것이며, 이 책에 글이 실린 합격생들에게는 글에서 보여준 자신의 꿈에 대한 다짐을 잊지 않고 실천하도록 기약하는 의미가 있다고 하겠다. 그럼에도 불구하고 여기에는 두 가지 문제가 발생할 수 있다. 그 하나는 모방의 문제다. '자기소개서'와 '포트폴리오'를 작성할 때 합격생들의 다양한 활동이야기를 자신에게 맞추어 적절하게 재구성할 소지가 있다는 것이다. 각 대학들은 이러한 것을 우려해 해마다 진화된 다양한 필터링 장치를 마련하고 있다. 또 다른 문제는 입학사정관제에서 요구하는 글의 성격상 개인의 프라이버시가 노출된다는 데 있다. 이 문제를 해결하기 위해서 많은 고민 끝에 익명으로 충분히 각색을 해서 순수 읽기자료로 활용하게 했다.

이 책의 워크지 형식 구성이 교사와 학생들에게 보다 풍부한 상상력과 자유로운 서술방식을 유도할 수 있을 것이다. 그리고 좀 더 구체적인 '입학사정관전형의 포트폴리오 작성법'에 도움을 주고자 이 책을 활용한 자세한 작성법을 동영상으로 제작해 이용할 수 있도록 했다. 아침교육연구소(www.achimedu.co.kr) 홈페이지에서 저자 직강 동영상을 참고하기 바란다.

제1부

나의 꿈을 찾아
떠나는 여행

성공한 사람들의 공통점은 내가 진실로 사랑하는 것이 있고, 그것
을 위해 온 열정을 쏟아 붓는 실천이 뒤따랐다는 것이다. 나를 설
레게 하는 것, 나를 움직이게 하는 것, 나에게 기쁨을 주는 것, 그
것이 꿈이고 나를 성공으로 이끄는 에너지의 원천이다. 그렇기 때
문에 입학사정관제에서는 공부의 출발을 나의 꿈에 두고 했는지
의 여부를 가장 먼저 평가한다. 나의 꿈을 찾아 출발!

chapter 1

비전 지수를 높여라!

꿈은 바로 자신이다. 꿈이 없는 개인과 사회는 희망이 없다. 나만의
꿈을 찾아가는 지도를 그려보자. 닮고 싶은 역할모델과 대화 나누기,
지금까지 살면서 나에게 가장 크게 영향을 끼친 사건 돌아보기, 가장
인상 깊었던 작품 음미해 보기 등을 통해 자신과 진지하게 대화하며
점검하다 보면 어느새 나의 꿈, 나의 모습이 구체화된다.

롤 모델 노트

역할모델은 자기 꿈을 찾아가는 지도이다.

    내가 가장 닮고 싶은 사람은 지금까지 살아오면서 어떤 사람이었을까?

    어렸을 적에는 부모님으로 출발해서 차츰 세상 보는 눈이 넓고 커지면서 선생님, 연예인, 스타, 위인 등등 점점 더 다양해졌을 것이다. 이러한 현상은 자기를 찾아가는 성장과정에서 누구나 겪는 당연한 일이다.

    하지만 고등학생 때부터는 롤 모델을 차츰 좁혀 들어가야 한다. 역할모델은 자기 꿈을 찾아가는 지도이기 때문이다. 각자 아래의 워크지를 정리해서 발표한 다음 서로의 꿈을 이야기해 보자.

• 나의 롤 모델

• 활동 및 업적

• 선정 이유

꿈과 관련짓기

가상

• 관심 분야 인터뷰하기

질의

응답

질의

응답

제가 가장 존경하는 분은 '빌게이츠' 입니다. 그는 개척자적 도전정신과 불굴의 의지로 '마이크로소프트사' 를 창립해 미지의 세계에 도전하는 전 세계 모든 젊은이들의 모범이 되었습니다. 또한 경영자로서의 일관된 소신과 경영원칙은 마이크로소프트사를 최고의 기업으로 이끌어 전 세계인의 존경을 받고 있습니다.

"나는 힘이 센 강자도 아니고 그렇다고 두뇌가 뛰어난 천재도 아닙니다. 날마다 새롭게 변했을 뿐입니다. 그것이 나의 성공 비결입니다. Change의 g를 c로 바꾸면, Chance가 됩니다. '변화' 안에는 반드시 '기회' 가 숨어 있습니다."

빌게이츠의 이 말은 저에게 깊은 감명을 주었고, 저는 이 말을 항상 되새기며 날마다 새로운 배움을 얻고, 지혜를 쌓아가기 시작했습니다. 하루하루를 창조적인 삶으로 살기 위해 노력했습니다. 누구나 걷는 쉽고 편한 길이 아닌, 아무도 걸으려 하지 않는 길을 가고자 저만의 도전정신을 키워나가게 되었습니다.

저는 컴퓨터에 유난히 관심이 많아, 초등학교 때부터 고등학교 때까지 컴퓨터 수업에 적극적으로 참여했습니다. 그러면서 21세기의 가장 최첨단 분야인 IT에 흥미를 느끼게 되었고, 컴퓨터뿐만이 아니라 더 나아가 이 사회를 이끌어나가는 정보통신 기술 전반에 대해 알고 싶어졌습니다. 대학에 입학하게 되면 정보통신 기술 분야에 대해 전문지식을 폭넓게 배우고 싶습니다. 정보화 사회의 중점 기술인 정보통신 기술을 습득해 빌게이츠처럼 벤처기업을 만들어 IT분야에서 성

공하는 것이 저의 소망입니다. 훗날 정보화 흐름의 중심에서 제 삶을
이끌어 사회의 흐름을 주도하고 사회 발전에 기여하고 싶습니다.

 콕콕, 합격 포인트 찾기!

🔌 롤 모델, 생생 합격이야기 ②

　제 삶에 귀중한 본보기가 되신 분은 금년에 칠순이신 저의 할아버
지입니다. 할아버지는 45세에 아내와 사별하고 혼자 세 아들을 뒷
바라지해 훌륭한 사회인으로 자녀들을 키웠습니다. 또 정년퇴임
시까지 20여 년을 대학병원의 의사로서 성실히 전문직업인의 소명
을 다하셨습니다. 할아버지의 이런 삶은 저에게 어려서부터 한 가
족의 가장으로서 책임을 다하고, 사회에서는 전문적 직업인으로서
의 능력을 발휘할 수 있는 꿈을 키워가도록 하는 데 많은 영향을
끼쳤습니다.

　할아버지는 지금도 과학서적 등을 읽고 학회지 등에 글을 쓰시면서
성실한 삶을 살고 계시는데, 이는 제게 좋은 자극이 되고 있습니다.
그리고 독실한 크리스천으로서 깊은 신앙심을 바탕으로 독거노인이
나 소년소녀가장 후원 등 사회봉사에도 열심이십니다. 저도 장차 전

공 분야에서의 능력을 바탕으로 이웃을 도우며 사회에 봉사하는 삶
을 살기 원합니다.

콕콕, 합격 포인트 찾기!

- -

- -

- -

롤 모델, 생생 합격이야기

　할아버지는 가업인 회사를 경영하셨습니다. 평생 동안 한결같은 마
음으로 항상 모든 일에 신중을 기하고, 성실함을 생활태도의 신조로
삼아 가업에 튼튼한 뿌리를 심었습니다. 저는 할아버지의 초심을 계
승하고 그 가업을 성공적으로 이은 아버지의 뜻을 이어 받기 위해 경
영학을 전공하려고 합니다. 저 역시 그러한 집안의 영향으로 어릴 적
부터 자연스럽게 기업의 조직문화와 운영 실태를 직간접적으로 지켜
봐왔기 때문에 기업 경영을 인생의 목표로 삼았습니다. 할아버지, 아
버지와는 다르게 성실함만을 추구하는 것이 아니라, 첨단과학 기술
과 경영기법을 활용해 효율이 극대화된 회사를 만들고 싶습니다.

　저는 중학교 입학 이후, 계속 성적우수 장학생이었으며 학급회장을
맡아 반을 이끌었습니다. 또한 고등학교 1학년 겨울방학 때는 전남
임실군 신덕면에서 봉사활동을 하면서 농촌의 어려움과 가난한 생활

모습을 보면서 많은 것을 느꼈습니다. 가정형편 때문에 학비와 급식비를 고민하는 친구들의 모습을 보며, 기업의 사회적 의무와 국가의 미래를 생각했습니다. 기업이 국가경제를 발전시키고 국가는 복지후생시설을 확대해야 하고, 그럼으로써 빈부격차를 해소할 수 있다는 생각이 들었습니다.

결국, 이 문제를 해결하는 것은 국민 모두가 나눌 수 있는 국가경제라는 파이를 늘리는 것이 궁극적인 대안이라는 결론에 도달했습니다. 부유한 사람과 가난한 사람 사이의 갈등인 양극화 문제는 어떻게 해결해야 할 것인가? 분배와 성장 중에서 무엇을 우선시해야 하는가? 무엇보다 국가경제를 성장시켜 일자리를 늘리는 것이 최상책일 것입니다. 또한 경제가 좋아지면 국가재정이 부유해져 복지예산도 늘어나니 일자리가 없거나 일자리를 가질 수 없는 장애인이나 노인, 불우 청소년에게도 그 혜택이 돌아갈 것입니다. 할아버지, 아버지가 기업이라는 파이를 키워 직원을 늘리고 월급을 인상하고 사원복지 혜택을 늘린 것과 마찬가지라고 생각합니다. 파이를 크게 만들기 위해서는 먼저 재료와 가공에 필요한 기계와 인력을 많이 확보해 생산을 확대해야 합니다. 또한 생산이 효율적으로 이루어지기 위해서는 비용을 줄여야 하며, 그 비용을 줄이는 방법은 보다 효율적인 경영방식을 택해야 모든 사람이 충분히 먹을 수 있는 양질의 파이를 생산할 수 있다고 생각합니다.

앞으로 저는 구체적으로 경영학을 공부해 양질의 파이를 효율적으로 생산하는 방법을 연구하고 또 그 파이를 공정하게 분배하는 전문경영인, 정책책임자가 되려고 합니다. 그리하여 우리 가문에서 계승

되어온 성실한 기업경영의 정신을 이어 받고, 또 제가 고등학교 전 학년 성적우수자로 학비 면제 혜택을 받았던 것, 그 이상을 사회에 환원해 어려운 이들을 돕는 일에 앞장 설 것입니다.

콕콕, 합격 포인트 찾기!

모티브 사건 노트

성공하는 사람들은 기회를 놓치지 않고 자기 성장의 원동력으로 삼는다.

  살아오면서 크고 작은 많은 일들 가운데 나의 꿈을 자극시킨 일은 무엇일까? 사람은 우연이든 필연이든 어떤 계기를 만나야 일을 도모한다. 성공하는 사람들은 그 기회를 놓치지 않고 자기성장의 동력으로 삼는다. 하지만 실패하는 사람들은 어떤 일에 부닥치면 관망하거나 귀찮아하거나 심지어 남의 탓으로 돌리려 애쓴다.

  입학사정관전형에서는 지원학생의 삶에서 벌어지는 순간순간의 일 하나하나에 어떻게 대응하고 관리하는지를 수능시험보다, 아니 어쩌면 그것보다 더 세밀하게 평가한다. 나의 꿈과 관련해 그동안 겪은 일들을 면밀히 점검해서 정리한 다음 친구들과 서로의 비전을 이야기해 보자.

- 사건 소개
  6하 원칙

- 영향을 끼친 점
  마음이 동요된 이유

- 비전 세우기
  각오, 다짐, 소망, 희망

1.1 모티브 사건, 생생 합격이야기

중학교 3학년 여름방학 때, 서울시 노인들을 위한 노년기 건강강좌 및 치매 무료검사 행사에 일주일간 봉사활동을 한 적이 있습니다. 제가 참여한 노년기 건강강좌 및 치매 무료검사 행사에는 서울시내의 많은 어르신들이 참여했고, 저는 어르신들이 강연회 장소를 잘 찾을 수 있도록 길 안내 및 치매 무료검사 접수를 보조했습니다. 연로하시고 몸이 불편하신 어르신들을 부축해 드리고, 일부 눈이 잘 보이지 않는 어르신을 위해서 행사 접수 때는 대신 글을 써 드리기도 했습니다. 비록 작은 일이었지만 저의 작은 도움에 고마워하시는 어르신들의 모습을 보고 저의 작은 도움이 큰 힘이 될 수 있다는 것을 알고 보람을 느끼게 되었습니다.

행사를 마치고 뒷정리를 하면서 어르신 몇 분은 이런 강연과 치매 무료검사가 있음을 고마워하면서도 이런 기회가 많지 않음을 이야기하셨습니다. 아직까지 우리나라에는 노인들을 위한 복지시설이나 건강시설이 충분치 않다고도 말씀하셨습니다. 그동안 노인들을 위한 복지시설이 부족하다는 이야기는 이미 언론 보도 및 인터넷 매체를 통해 알고 있었습니다. 그런데 노인복지 시설 부족에 대해 직접 듣게 되니 우리나라의 노인 복지 시설이 열악하다는 것에 대해 더욱 공감하게 되었습니다.

우리나라는 노령화가 급속히 진행되고 있는 상황이고, 사회에서 은퇴한 노인들의 여가를 보낼 수 있는 시설과 불우한 노인들을 위한 복지시설이 많이 필요한 실정입니다. 비록 예전에 비해 복지제도가 많이 좋아졌다고는 하지만 아직도 다수의 소외 계층에게는 그 복지 혜택이 돌아가지 않고 있습니다.

저는 노인복지 분야와 소외계층을 위한 분야에 대한 국가의 지원이 더욱 활발해지려면 우리나라의 복지 행정정책이 변화되어야 한다고 생각합니다.

이러한 자원봉사활동 경험은 복지행정 분야의 정책을 변화시키는 공무원이 되겠다는 저의 결심을 더욱더 굳히게 하는 계기가 되었습니다.

콕콕, 합격 포인트 찾기!

- -

- -

- -

임팩트 작품 노트

꿈은 이 세상에 하나밖에 없는 나의 평생 친구이다.

예술은 사람의 마음을 움직이는 힘이 있다. 작품 속에는 인간이 추구하는 이상이 담겨 있기 때문이다. 내가 만난 많은 예술 작품 가운데 가장 인상 깊었던 것은 무엇일까? 왜 그 작품인가? 내가 그 작품을 잊지 못하는 이유는 무엇인가? 그 작품이 나에게 주는 메시지는 무엇인가? 꿈은 저절로 찾아지지 않는다. 자신과의 끝없는 대화가 필요하다. 꿈은 이 세상에 하나밖에 없는 나의 평생 친구이다.

🔲 임팩트 작품, 생생 합격이야기

저는 고등학교에 입학한 후, 뚜렷한 목표가 없었던 학생이었습니다. 미래에 대한 꿈과 비전도 없이 평범하게 학교생활을 하는 모습에 실

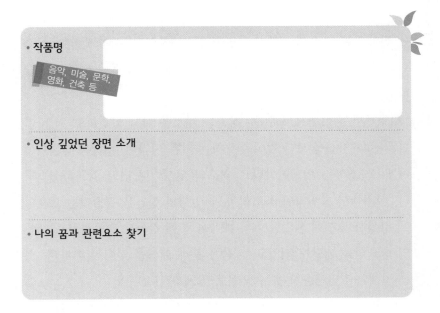

- 작품명

음악, 미술, 문학, 영화, 건축 등

- 인상 깊었던 장면 소개

- 나의 꿈과 관련요소 찾기

망한 부모님은 나태한 제 모습을 변화시키기 위해 독서를 권장하셨습니다.

당시 가장 감명 깊게 읽은 책이 안철수의 〈CEO 안철수, 영혼이 있는 승부〉라는 책이었습니다. 서울대 의대를 졸업하고 유망한 의사로 대학교수직을 역임하던 그가 전공과는 인연이 없는 것으로 보이는 컴퓨터 백신을 개발하고, 또한 회사 경영자로 성공한 특이한 경력이 매우 인상적이었습니다. 그는 자기 인생의 토대에 히로나까 헤이스케 교수의 자서전적 책인 〈학문의 즐거움〉이 많은 영향을 미치게 되었다고 합니다. 그래서 저도 이 책에 관심을 가지게 되었고 구입해서 읽게 되었습니다. 이 책은 히로나까 헤이스케 교수가 세계적인 수학자가 되기까지의 과정 속에서 '생각하는 기쁨, 배움의 의미, 창조의 기쁨, 도전하는 삶, 자기발견과 성찰'에 대해 쓴 것입니다. 고등학교에 진학한 후 계속해서 제가 고민해왔던 내용이 바로 이 책 안에 고스란히 담겨져 있었기 때문에 이 책을 읽고 많은 깨달음을 얻게 되었습니다.

히로나까 헤이스케 교수는 '창조는 새로운 나를 발견하고 더 나아가서는 나 자신을 보다 깊이 이해하는 기쁨'이라며, 수많은 젊은이들에게 '창조하는 인생이야말로 최고의 인생이다'라고 강조하셨습니다. 여기에서 창의적인 사고력이 제 인생의 성공을 결정짓는 요소임을 절실히 느끼게 되었습니다. 배움을 통해 창조도 가능하므로 배움의 중요성을 깨닫게 되었고, 배움을 통해 대상을 깊이 살펴볼 수 있는 지혜와 결단력을 얻을 수 있음을 알게 되었습니다.

이 책은 저에게 그동안의 제 생활을 반성하게 해주었고, 명확한 비전이 없던 저에게 꿈이 있는 삶의 기쁨과 삶을 활기차게 꾸려 나갈 수 있다는 자신감을 심어주었습니다. 또한 히로나까 헤이스케 교수는 자기 스스로가 천재가 아닌 둔재임을 자인하면서 남보다 두 배 이상 노력을 경주했다고 합니다. 그는 느긋하게 기다리고 기회를 잡을 행운이 오면 끈기로 해냈습니다. 남보다 두 배의 시간을 들이는 것을 생활신조로 삼을 정도로 의식적으로 끝까지 해내는 끈기를 키워온 것입니다. 천재성은 타고나는 것이지만 노력은 누구나 할 수 있는 것이므로 자신이 천재가 아님을 알고 노력을 선택한 그의 삶의 방식은 탁월한 것이었습니다. 자신이 하고 싶은 것을 하지 않으면 결정한 것이 욕망으로 바뀌지 않는 한 어디에선가 좌절할 가능성이 있다며 하고 싶은 것을 하라고 합니다.

그 후, IT 분야에 관심을 가지고 있던 저는 제 진로를 결정하게 되었고, 회의가 가득했던 지난날을 벗어버리고 배움에 열의를 갖게 되면서 생활에 큰 기쁨을 느끼게 되었습니다. 확고한 제 꿈을 이루기 위해 앞으로 히로나까 헤이스케 교수와 같이 빙산의 일각처럼 잠재되어 있는 제 자신의 가능성을 믿고 개발해 보람된 인생을 창조할 것입니다.

콕콕, 합격 포인트 찾기!

- -

- -

- -

임팩트 작품, 생생 합격이야기

제가 ○○대 건축과에 지원하게 된 과정은 비록 짧지만 소중한 제 삶의 경험에서 나온 결정이었으며 이 결정에 대해 절대로 후회하지 않을 것입니다.

사실 저는 꿈이 참 많았습니다. 제가 보아온 여러 가지 직업은 각각의 매력을 충분히 가지고 있었습니다. 그 중 저에게 깊은 인상을 준 직업 중의 하나가 장애인을 가르치는 특수 교육자였습니다.

그러나 저는 미래의 직업을 최종적으로 '건축가'가 되는 것으로 정했습니다. 제가 처음으로 건축에 관심을 갖게 된 것은 TV에서 '러브하우스'를 시청한 이후부터입니다. 장애 등의 이유로 정상적인 직업을 가질 수도 없고, 평범한 삶조차 살 수 없는 불우한 환경의 사람들에게 사랑과 정성을 다해 집을 지어주는 프로그램이었습니다. 그 장면은 저에게 큰 감동으로 물결쳤습니다.

그 이후로는 길을 가다 우연히 지나는 공사장도 저에게는 관찰의 대상이 되었습니다. 일반 주택부터 아파트, 공공기관 등 건물을 새로 짓는 모습을 보면 그냥 지나칠 수가 없었습니다. 과연 이 건물은 완성됐을 때 어떤 모습일까? 혼자 상상하기도 했습니다. 그러던 어느 날 봉사활동을 하면서 깨달았습니다. '몸이 불편한 장애인들이 많은데, 그들이 생활하기에는 건축 구조가 불편하겠구나.' 저는 건축가가 되어 장애인들을 위한 최적의 건물을 연구하고, 그 건물을 장애인들에게 지어주어 그들에게 삶의 희망을 주어야겠다는 생각이 들었습니다.

대학에 입학하면 이제까지 경험하지 못한 삶의 체험 영역을 확대해 나갈 생각입니다. 1·2학년 때는 세계화에 맞추어 외국어 능력을 확대하고 실제로 중국어 학원을 다니며 중국어회화도 배우고 중국 여행도 해볼 계획입니다. 물론 만국공용어인 영어 또한 독해, 작문, 회화에서 수준 높은 능력으로 끌어올릴 것입니다. 그리고 대학생활에서 맛볼 수 있는 동아리활동과 '사람사랑' 같은 봉사활동을 열심히 참여할 뿐만 아니라, 취미활동도 열심히 할 계획입니다. 규칙적인 운동으로 체력을 단련해 건축학습현장에서 이루어지는 실기도 잘 적응하려고 합니다.

3·4학년 때는 전공과목을 심화시켜 방학 때는 해외대학과 교류하면서 건축의 유행이 어떻게 변하는지 실제로 확인해 보고 타 문화도

접해 봄으로써 견문을 넓힐 것입니다. 그리하여 건축 분야에서만큼은 최고의 전문가가 되기 위해 혼신의 힘을 쏟을 계획입니다. 특히, 건축학과는 학업에 관련된 자격증이 많으므로 이러한 자격증도 모두 취득하도록 노력할 것입니다.

아직도 우리나라에서는 공학 분야에 주로 남성들이 자리 잡고 있습니다. 저는 여성 건축가로서 사회에 기여하며, 남성들에게 주눅 들지 않도록 남들보다 더 많은 노력과 열성을 아끼지 않을 것입니다. 졸업 후에는 먼저 해외유학을 통해 해외 선진국 장애인들을 위한 복지시설에 대해 공부할 것입니다. 해외 선진국은 장애인을 위한 복지시설이 무척 잘 되어 있어서 우리나라 장애인들이 부러워하는 점 중의 하나라고 합니다.

그곳에는 어떤 시설과 건축 시스템으로 이루어져 있는지 살펴보고 실제로 그곳에서 연구와 건축학의 깊이를 더할 생각입니다. 그리고 선진 기술을 습득한 후 한국에서도 외국 못지않은 시설을 만들어 장애인들에게 기쁨과 편리를 줄 수 있도록 노력할 것입니다.

콕콕, 합격 포인트 찾기!

- -

- -

- -

chapter 2

진로, 소양 지수를 높여라!

꿈이 정해졌다면 다음은 그 꿈을 이루기 위해 나에게 맞는 직업(일)을 구상해야 한다. 직업(일)은 기존의 것에서 찾을 수도 있고 새로운 직업(일)을 찾을 수도 있다. 이상적인 직업은 내가 좋아하는 것이면서, 다른 사람보다 상대적으로 더 쉽게 더 빨리 더 잘할 수 있으면서 올바른 것이어야 한다.

평소에 특별히 관심 갖는 분야(직업, 일)를 자세히 들여다보기, 흥미로운 직업 탐색하기, 새로운 직업 발굴하기 등 꿈이 이루어지는 즐거운 상상을 하면서 적극적인 체험활동을 실행해 보자.

진로탐색 노트

행복 지수를 높일 수 있는 진로를 탐색하라.

　내가 가장 관심을 두고 있는 분야는 어떤 분야일까? 다른 사람보다
유독 예민하게 반응하는 것은 무엇일까? 시간이 흘러도 놓고 싶지 않
은 고민거리는 무엇일까? 관심거리를 반복해서 찾다 보면 나의 진로
성향을 알 수 있다. 밑그림이 그려지고 진로 성향이 잡히면 좀 더 구
체적인 나의 역할을 찾아보자.

　가령 스포츠에서 감독과 코치와 선수의 역할이 다르듯이, 동일한 직
업군에서도 자기에게 맞는 역할은 따로 있기 때문이다. 의대를 졸업
하고 의사가 된다고 하더라도 이론을 연구하는 의학교수가 되고 싶
은지, 큰 병원을 경영하고 싶은지, 환자진료에만 전념하고 싶은지는
사람마다 다를 수 있다.

내가 가장 편안해하고 자연스럽고 오래할 수 있는 길을 직업으로 선택해야 한다. 그 길이 가장 성공 확률이 높고 행복 지수를 높일 수 있기 때문이다. 아래의 워크지를 작성해 발표하고 서로의 진로에 대해서 상의해 보자.

- **관심거리 찾기**

신문에서
방송에서
영화에서
교과서에서
책에서
여행에서
견학에서
기타

누가
언제
어디서
무엇을
왜
어떻게

- **진로 소양 찾기**

희망직업, 유사직업

인문예술직업군
사회과학직업군
자연과학직업군
기타 직업군

- **나에게 맞는 역할 찾기**

선수형(행동형)
코치형(지시형)
감독형(이론형)

• **구체적**
직업 세우기

📖 진로탐색, 생생 합격이야기

 저희 가족은 모두 비만인 편입니다. 저 역시 어려서부터 몸이 조금 통통한 편이었습니다. 고등학교에 진학하면서 살은 점점 불었고, 저는 비만을 고민하게 되었습니다.

 저는 비만의 원인을 스스로 해결해 보고자 했습니다. 신문, 인터넷 등 각종 자료들을 검색하면서 여러 다이어트를 시도해 보았지만, 별 소용이 없었습니다. 사촌 언니도 비만으로 고민했는데 언니는 병원에서 주사를 맞으며 살을 뺐습니다. 하지만 저는 주사보다는 위험 부담이 적은 살 빠지는 약을 먹기로 했습니다. 그런데 학생이라는 이유로 병원에서 약을 먹으면 안 된다고 거절당했습니다. 공부하는 학생에게는 약이 맞지 않는다는 의사 선생님의 말씀을 듣고, 다이어트를 원하면 학생도 먹을 수 있는, 인체에 무해한 약을 개발해야겠다는 생각이 들었습니다.

 겪어본 사람만이 간절함을 아는 것처럼, 저는 정말 겪을 만큼 겪었고, 이런 연구를 할 사람은 제가 제일 적합하다고 스스로 생각했습니다. 또 차츰 한국도 비만인구가 심각하다는 보도도 접하며 사회에 저와 같은 이유로 고통을 받는 모든 이에게 공헌할 수 있는 보람있는 일을 꼭 이루고야 말겠다고 다짐했습니다. 고등학교에서 생물과 화학을 배우면서 이 두 과목을 적절히 조합하면 저의 꿈을 이룰 수 있을 것이라는 생각에 공대를 선택했습니다.

해외의 비만클리닉도 경험해 보고 싶기 때문에 대학 1학년 때는 영어와 평소에 관심이 많던 중국어에 많은 시간을 투자할 것입니다. 선진국의 비만관련 잡지도 읽고, 공대에서 공통적으로 배우는 과목도 열심히 공부할 것입니다. 또 배낭여행을 통해 자립심과 사회성을 기르고, 다른 나라의 문화를 체험함으로써 우물 안 개구리인 저를 탈피하고 세계화 시대에 맞는 넓은 시각과 사고를 기를 것입니다.

2학년 때는 화학공학과로 진학해 본격적으로 화학에 대해 배우고 전문적인 지식을 쌓아 방학 때마다 국내의 비만관리 시스템을 체험해 보고 싶습니다. 이론을 안다고 해서 완전히 이해한 것은 아니므로 직접 경험해 보는 것이 중요하다고 생각하기 때문입니다. 3학년 때는 학업에 열중하고 기회가 된다면, 전공 관련 아르바이트도 해보고 싶습니다. 누군가에게 저의 지식을 나눠주는 일을 한 번쯤은 해보고 싶기 때문입니다. 4학년 때는 대학원진학을 목표로 최선을 다해 학과공부에 전념할 것입니다. 또, 사회에 나가야 할 것이기 때문에 사회에 대한 관심을 갖고 사회관련 서적도 두루 읽으면서 사회인으로서의 준비를 할 것입니다.

졸업 이후에는 대학원에 진학해 생명공학을 전공해서 우리의 몸에 대해 더욱 깊이 있는 연구를 하고 싶습니다. 그리고 본격적으로 우리나라 비만 퇴치를 위한 목표를 향해 연구를 진행시켜 나갈 것입니다.

또, 기회가 된다면 비만 전문연구소 기관의 일원이 되어 뜻을 같이 하는 사람들과 함께 연구의 질을 높이고 싶습니다.

   대학원을 졸업한 후에는 비만 인구가 많은 미국으로 유학을 가서 선진 기술을 배워와 그 기술을 응용해 우리나라 사람들에게 맞는 방법을 찾도록 할 것입니다. 그 후에는 한국의 제약회사에서 여러 연구를 병행하며 저의 연구 성과를 모두 정리하고 실용화시켜 한국 에서의 저의 연구실험에 마침표를 찍고 싶습니다. 그 나이가 언제 가 될 것인지는 중요하지 않다고 생각합니다. 그저 저의 목표가 이 루어지고 제 연구가 성과를 드러내는 날 저는 더없이 기쁠 것 같습 니다. 그날을 위한 첫걸음을 ○○○대학교 공과대학에서 내딛고 싶 습니다.

> ## 콕콕, 합격 포인트 찾기!

진로탐색, 생생 합격이야기 ②

   저는 어떤 대상을 관찰하고 일정한 법칙과 규칙성을 찾아내는 데 흥 미를 많이 느낍니다. 어려서부터 이러한 호기심을 채우는 것이 즐겁 다는 생각을 해왔습니다. 초등학교 때 컴퓨터그래픽에 관심이 많아 혼자 책을 보고 익혀 어른들도 취득하기 어려운 컴퓨터그래픽 운용기능사 자격증을 따냈습니다. 중학교 때 과학 동아리활동은 이런 강한 호기심이 과학에 대한 호기심으로 옮겨간 것이었습니다. 과학 동아리에서 '혈액형판정' 실험은 잊을 수 없는 첫 번째 실험이었습니다. 그 뒤 코엑스 과학축전에서의 '해시계제작' 등과 같은 경험은 저의 과학적 재능을 일깨워주었습니다.

또한 이런 저에게 미래의 전공 선택에 큰 영향을 준 일은 외할머니의 암 투병 때문이었습니다. 대장암 말기 진단을 받으신 외할머니는 병원에서의 항암치료 대신, 식습관을 채식과 생식 위주로 바꾸는 치료법을 선택하셨습니다. 그 결과 외할머니는 6~7년을 건강하게 사시다가 생식을 중단한 지 2년 만에 대장암이 재발해 돌아가셨습니다. 저는 생식과 채식위주의 식생활이 외할머니의 대장암 진행에 큰 영향을 주었을 것이라는 생각이 들었습니다. 또한 우리의 평소 식습관과 섭취하는 식품들이 우리들의 건강 및 질병에 중대한 영향을 미치고 있다는 사실을 깨달았습니다. 그 뒤 저는 식품은 물론 생식과 관련해 작물의 품종개량, 동식물의 질병치료 효과 등에 대해 관심을 갖게 되었습니다.

고등학생이 되어 과학을 좀 더 깊이 있게 공부하면서 생물에 관한 학문은 저의 지적 호기심을 만족시켜주었습니다. 형질의 유전자 분석, 인공교배, 조직배양, 생물 공학적 기법을 이용해 탄생한 다양한 작물들이 인류의 생존에 기여하고 있다는 사실이 감명 깊었고, 이런 분야의 학문에 미약하나마 저의 열과 성의를 바치고 싶습니다.

저는 우선 ○○대학교 자연과학부에 입학한 후에 과학도로서 자연

현상을 관심 있게 관찰하고 그 현상을 규명하기 위해 도전해볼 계획입니다. 먼저 전공 분야를 집중적으로 연구하고 대학졸업 후에는 관련 산업현장에서 지도자적 역할을 수행할 것입니다. 분명한 것은 제가 고등학교 재학시절 교내의 과학 분야에서 금상을 받은 경험이 있으므로 과학탐구에 대한 열정을 가지고 저의 전공 분야에서 최선을 다한다면 제가 원하는 대학뿐만 아니라, 이 나라에 꼭 필요한 인재가 될 것이라 확신합니다.

🖱 콕콕, 합격 포인트 찾기!

흥미로운
직업탐색 노트

진짜 내 길은 남이 가지 않은 험난한 가시밭 속에 있다.

    내가 가장 흥미를 느끼는 직업은 어떤 직업일까? 처음에는 막연한 동경으로 선택할 수 있을 것이다. 따라서 그것이 진짜 내 것인지 아닌지에 대한 탐색이 필요하다. 내가 선택한 길을 따라가다 보면 가시밭길을 만날 수도 있다. 가시밭길이 없다고 생각한 길은 내 길이 아닐 수 있다. 진짜 내 길은 남이 가지 않은 험난하고 위험한 가시밭 속에 있다. 입학사정관은 이런 생각을 가진 학생을 선호한다.

흥미로운 직업탐색, 생생 합격이야기

    우리는 매스컴을 통해 여러 환경오염 사례들을 접합니다. 하천의 페놀 오염, 공장폐수 유출, 생활하수의 하천 유입, 불법 쓰레기소각 등.

- **직업명**

- **하는 일**

- **흥미로운 점과 나의 직업 비전**

과연 이러한 환경오염을 계속 방치하거나 적극적인 대응을 하지 않는다면, 우리를 둘러싼 자연이 언제까지 자정능력을 갖추어 생명을 지닌 존재를 보호할 수 있을 것인지 마음이 무겁습니다.

우리 주변에서 흔히 볼 수 있는 생활 쓰레기들. 제가 어렸을 때에는 저희 집도 이런 쓰레기를 직접 소각해 처리하곤 했습니다. 커가면서 이런 쓰레기 소각은 불법이고 환경을 오염시키는 하나의 원인이 될 수 있다는 생각을 하고, 저는 죄책감과 부끄러움을 느꼈습니다. 그렇게 시작된 저의 환경에 대한 관심은 주변의 환경을 주의 깊게 관찰하는 계기가 되었습니다. 고등학교 때 도심으로 전학하고 나서 환경오염 문제를 체험하게 되었습니다. 건물과 교통시설은 현대화되어 신기하고 편리했지만 매캐한 공기와 소음, 많은 사람들, 하천의 더러운 물 등 환경만큼은 제가 시골에 살 때보다 열악했습니다.

또한 사람들의 환경보호에 대한 인식도 낮은 편이라 생각합니다. 매일 같이 버려지는 많은 쓰레기를 분리수거한다고 하지만, 그조차도 제대로 이루어지지 않는 분리수거함을 보면서 우리나라의 미래 환경이 염려되었습니다. 학교에서도 환경이라는 교과목으로 교육을 실시하지만 실질적으로 학생들의 환경에 대한 인식은 이전과 별다를 바가 없습니다.

도시의 환경보호와 개선에 대한 방법을 생각하던 저는 우연히 도서관에서 〈꿈의 도시 꾸리찌바〉를 읽었습니다. 꿈의 도시, 희망의 도시, 존경의 수도라고 불리는 꾸리찌바. 브라질의 한 도시, 꾸리찌바는 프랑스의 파리, 영국의 런던, 오스트리아의 빈처럼 문화유산이 많이 남아 있는 역사적인 장소도 아니고, 브라질의 수도도 아니며, 그렇다고 우리나라가 부러워할 만큼 선진국의 도시도 아닙니다. 하지만 브라질의 꾸리찌바는 세계의 많은 언론과 전문가들, 그리고 많은 도시의 자치단체와 시민단체에겐 꿈의 도시이고, 그리고 본받아야 할 도시라는 걸 알게 되었습니다.

꿈의 도시라는 말에 선뜻 읽게 된 이 책은, 과거에는 좋지 않았지만 지금은 많은 환경 개선 노력으로 세계의 모든 나라가 부러워하는 친환경 생태도시가 된 브라질의 꾸리찌바라는 도시 이야기가 담겨 있습니다. '쓰레기 아닌 쓰레기' 라는 프로그램을 통해 가두 수거와 가구별로 사전에 분리한 재활용품 쓰레기 수거로 쓰레기 문제에 대한 대중의 의식을 고양시킵니다. 뿐만 아니라, 쓰레기 수거차량이 쉽게 접근할 수 없는 지역의 쓰레기 처리를 위해 '쓰레기 구매'를 시행해 쓰레기를 수거해오는 주민들에게 버스 토큰, 혹은 잉여 식품을 제공하는 등 조금은 독특한 방법으로 쓰레기 문제를 해결합니다. 또한 공원 정책과 통합해 문화재 보존을 하고 있어 선조들의 문화유산과 전통 역시 리사이클링해 오늘날에 되살리고 있습니다.

시민들의 적극적인 동참으로 일구어진 이 꿈의 도시 모습을 상상해 보면서 우리나라도 나라 전체가 꾸리찌바 도시 같은 나라가 되었으면 좋겠다고 생각했습니다. 제가 이 대학에 합격하게 된다면, 먼저 환경에 대한 지식을 구체적으로 공부하고 연구하는 연구원이 되고 싶습니다.

　탁월한 연구업적이 있는 교수 및 연구원을 초빙하는 ○○대에서 저의 환경에 대한 지식의 영역을 넓힐 수 있을 것이라 생각합니다. 그렇게 습득한 지식을 바탕으로 실제적으로 생태계를 복원하거나 완전한 자연 상태의 환경에서 인간과 자연이 공존하는 시설과 터전을 만들어내는 정책입안자가 되겠습니다. 그리하여 인간과 자연이 함께 공존하여 인간의 삶의 질을 향상시키는 데 기여하고 싶습니다.

콕콕, 합격 포인트 찾기!

흥미로운 직업탐색, 생생 합격이야기

　저는 불우이웃을 위한 봉사활동에 관한 휴먼 다큐멘터리 프로그램을 즐겨봅니다. 이 휴먼다큐 프로그램은 사회적으로 소외되어 있고, 몸이 아픈 아동들에게 희망을 주고자, 실질적인 지원을 해주는 프로그램입니다. 이 프로그램을 매주 꼭꼭 챙겨보는 것은 아니지만, 시간이 날 때마다 꽤 오랫동안 봐 왔습니다. 휴먼다큐를 보면서 '저렇게 순수하고 해맑은 아이들이 왜 이런 가혹한 고통을 겪어야 할까.' 라는 생각을 하게 되었고, 그 아이들을 보면서 저는 정말 행복한 사람이라는 것을 깨닫게 되었습니다. 그래서 저는 불쌍한 아이들에게 웃음을 줄 수 있고, 희망을 줄 수 있는 사람이 되어야겠다고 생각했습니다. 그와 관련된 직업을 생각해 보니 사회복지사와 교사였습니다.

사회복지사가 된다면 사회적으로 불우한 아이들과 노인, 장애인들에게 봉사를 하면서 살아갈 수 있을 것이라는 생각이 들었습니다. 또한 교사가 된다면 가르치는 일을 통해 보람을 느낄 수 있을 것이라는 확신이 들었습니다. 이 두 가지 직업의 매력은 무엇보다 남에게 도움이 될 수 있고, 자기 자신을 성장시킬 수 있으리라는 점입니다. 누군가에게서 변화를 끌어내고 그 사람의 인생에 도움이 되는 것만큼 커다란 기쁨과 보람은 없을 것입니다. 그 보람을 만들어내기 위한 스스로의 노력은 자신을 발전시키는 원동력이 될 것입니다. 먼저 그 보람을 만들기 위해서는 해당 분야에 대한 전문적이고 해박한 지식을 쌓고 인성적인 측면에서의 완성도를 이룩해야 한다고 생각합니다. 이러한 저의 소망을 ○○○대학교에서 이루고자 지원하게 되었습니다.

콕콕, 합격 포인트 찾기!

새로운
직업탐색 노트

10년, 20년, 50년 뒤를 상상하며 새로운 직업을 그려 보라.

직업(일)은 필요에 따라 새로 생기기도 하고 없어지기도 한다. 동일한 일이라도 시대에 맞게 변화해야 경쟁력이 있다. 운동과 변화와 창조는 피할 수 없는 자연법칙이기 때문이다. 따라서 미래를 설계해야 하는 고등학교시절에 새로운 직업(일)을 탐구하는 것은 지극히 당연한 것이다. 10년, 20년, 50년 뒤를 상상하며 내가 생각하는 새로운 직업(일)을 마음껏 그려 보자.

[1.1] 새로운 직업탐색, 생생 합격이야기

아직도 세계 곳곳에는 식량부족으로 굶어 죽어가는 많은 사람이 있습니다. 저는 언젠가 기아로 인해 죽어가는 수많은 어린 생명들을 TV로 시청한 후, 너무 큰 충격을 받고 잠을 못 이룬 적이 있었습니

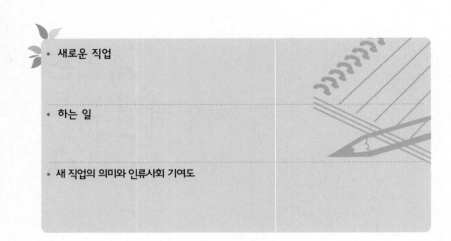

다. 그래서 '인류의 빈곤과 식량 문제를 해결할 수 있는 방법'에 대해 고민하면서 유전자 변형 식품에 관심을 갖게 되었습니다. 아직은 유전자 변형 식품이 인체에 미치는 유해성에 대해 논란이 있습니다. 유전자 변형 식물은 병충해에 강해 잘 자라고, 한정된 공간에서 더 많은 수확을 할 수 있으며, 부패를 막아 오래 저장할 수 있어 유통이 편리합니다. 토마토를 추운 지방에서, 벼를 해안지방에서 생산할 수도 있습니다. 따라서 유전자 변형 식품은 더 많은 식품을 세계 곳곳에서 생산할 수 있으며, 현재 기아 상태에 허덕이는 가난한 나라까지 부족한 식량을 해결할 수 있는 유력한 방법입니다.

하지만 아직 유전자 변형으로 인한 안전성이 검증된 것은 아닙니다. 따라서 어떤 유전자의 기능이 사라질 수도 있고 새로운 독소가 생겨날 수도 있고 생태계 속의 야생 생물체에 영향을 미칠 수도 있습니다.

어떤 것이 좋은지 명확한 결론을 내릴 수는 없지만 저는 해가 없는 유전자 변형 식품을 개발하고 싶습니다. 판매가 금지된 유전자 변형

옥수수 가공 식품 등으로 유전자 변형 식품의 부작용이 밝혀져 사회적으로 문제가 되고 있지만, 이러한 문제를 해결할 식품을 만들어 인류의 식량부족 문제를 해결하고 싶습니다. 유전자 변형 식품으로 인해 빈부의 차가 더 커질 수 있다고 생각하는 사람도 있지만, 이로 인해서 빈부의 차를 줄일 수도 있다고 생각합니다.

콕콕, 합격 포인트 찾기!

전공소양 지수를 높여라!

　직업(일)을 정했으면 그 다음은 전공학과를 정해야 한다. 그 직업을 충실히 그리고 창조적으로 수행하기 위해서는 기본적인 원리를 알아야 한다. 가령 똑같은 수영선수라 하더라도 수영의 원리를 모른 채 혼자서 연습하는 경우와 운동의 원리를 체계적으로 알고 연습하는 것은 차이가 난다. 이와 마찬가지로 모든 일에는 일정한 원리와 이치가 있기 마련이다.

　따라서 우리가 대학에 들어가려는 것은 자기 관심 분야의 일을 보다 체계적으로 수행하기 위함이다. 전공학과 탐색하기, 전공학과에 관련된 독서활동하기, 새로운 전공학과 구상해 보기 등의 활동을 통해 내 꿈을 실현시키고, 전공학과를 주도적으로 선택하자.

전공학과
예비학습 노트

입학사정관제에서는 입시컨설팅이 통하지 않는다.

내가 전공하고 싶은 학과는 어떤 학과일까? 그 학과에 가면 무엇을 배울까? 그 학과에서 배우는 여러 과목들 가운데 가장 흥미로운 것은 무엇일까? 그 전공을 마치고 졸업하면 진로는 어느 방향으로 나가게 될까? 미래에 전망은 있는가?

기존의 입시제도에서는 계량화된 점수에 따라 대학과 학과가 정해졌기 때문에 학교에서 진로진학 지도라는 입시컨설팅 역할을 수행해왔다. 그러나 입학사정관제에서는 입시컨설팅이 통하지 않는다. 대학마다, 전형마다, 전공학과마다 계량화해 판단할 수 없는 정성평가 기준을 가지고 선발하기 때문이다. 이러한 점에서 볼 때 입학사정관제는 지망학생의 미래를 배려해주는 입시제도다.

- 가장 관심 있는 전공학과는 무엇인가?

- 내가 선택한 학과에서 무엇을 배우는지 조사하기

- 그 학과에서 배운 것이 나의 꿈, 직업 도달에 어떤 도움을 주는지 연계성 찾기

주요 대학교 전공학과 소개

인문계열

국어국문학과, 영어영문학과, 중어중문학과, 불어불문학과, 독어독문학과, 노어노문학과, 서어서문학과, 언어학과, 한문학과, 국사학과, 동양사학과, 서양사학과, 철학과, 동양철학과, 한국철학과, 종교학과, 기독교학과, 신학과, 유학과, 불교학과, 미학과, 고고미술사학과, 문화콘텐츠학과, 영어통역번역학과, 민속학과

사회과학계열

정치학과, 외교학과, 북한학과, 행정학과, 경제학과, 글로벌경제학과, 경영학과, 글로벌경영학과, 예술경영, 호텔경영, 컨벤션경영, 외식산업학, 스포츠경영, 정보기술경영학과, 사회학, 인류학과, 심리학과, 상담심리학과, 지리학과, 사회복지학, 아동청소년복지학과, 언론정보학과, 여성학, 가정학과, 정보문화학과, 법학과, 교육학과, 소비자아동학과, 금융공학부(신), 글로벌서비스학부(신), 글로벌리더십학부(신), 국제지역학과, 문화관광학과, 정책학과, 청소년학과

자연과학계열

한의학, 약학, 수리과학, 통계학, 천문학, 물리학, 화학, 과학철학, 유전공학, 계산과학, 간호학, 기계항공공학, 건축학, 도시공학과, 산업공학, 원자핵공학, 조선해양공학, 전기공학, 컴퓨터공학, 반도체시스템공학과, 의생명공학과, 환경생태공학과, 재료공학, 기계공학, 우주항공공학, 인터넷미디어공학, 지구환경시스템공학, 에너지자원학, 화학생물공학, 건설환경공학, 로봇공학, 식물생산과학, 작물생명과학, 원예과학, 산업인력계발학, 산림과학, 산림환경학, 식품동물생명과학, 식품생명공학, 동물생명공학, 응용생명화학, 응용생물학, 분자생물학, 바이오시스템공학, 바이오소재공학, 나노신소재공학, 생체공학과, 조경학, 지역시스템공학, 농경제학, 지역정보학, 식품영양학과, 의류학과, 의학과, 약과학과(신), 글로벌의과학과(신), 발효융합학과(신)

동양미술, 서양미술, 조소미술, 디자인미술, 산업디자인학과, 패션디자인학과, 금속조형디자인학과, 목조형가구학과, 예술학과, 영상미디어학과, 영화학과, 연극학과, 공연 영상학과,시각 디자인학과, 공예학, 성악과, 기악과, 현악과, 피아노과, 작곡과, 국악과, 체육학과, 스포츠과학과, 생활체육과, 산업스포츠학과, 문예창작과, 무용학과, 애니메이션학과

🔲 전공학과 예비학습, 생생 합격이야기

저는 일찍이 수학과 과학 분야에 많은 관심과 호기심을 가졌습니다. 수학과 과학은 사고능력을 보다 폭넓고 깊게 해주며 다양한 해법이 존재하기 때문에 매력을 느꼈습니다. 이로 인해 저는 학문에 대한 순수열정으로 이공계 쪽으로 진로를 정했고, 대학진학의 당위성을 취업이나 사회적인 시선 때문이 아닌, 제 자신의 관심과 능력에서 찾았습니다. 이러한 저의 성향은 대학진학 후에도 전공 분야를 공부하는데 있어 매우 큰 도움이 될 것이라고 생각합니다. 대학 진학 후 저의 전공 학문을 깊이 있게 함양하기 위해서는, 우선 기초가 가장 중요하다고 생각했기 때문에 이공계 공부의 기초가 되는 수학, 물리, 화학, 생물 등에 초점을 맞추어 공부했습니다. 적성에 맞고 많은 흥미를 느끼고 있었기 때문에 공부를 하면서 스스로 문제를 해결해 나가는 과정이 무척 즐거웠습니다. 좀 더 적극적으로 학업에 임하고자 2학년

때는 수학 동아리활동을 했습니다. 수학을 공부함에 있어 단순히 계산능력이나 공식 적용능력이 아닌, 스스로 생각하고 개념을 이해해 다른 접근방식을 찾아내는 수업방식을 택했고 이는 탐구하고 생각하는 능력을 기르는 데 많은 도움이 되었습니다. 뿐만 아니라 과학 분야의 대중화를 선도하는 간행물들인 〈과학 동아〉나 〈뉴턴〉 같은 세계적인 잡지들도 정기 구독해 탐독하면서 교과서에서 접할 수 없었던 현실적인 지식을 습득하게 되었고 이로 인해 한층 더 성숙해진 지식을 갖추게 되었습니다. 이렇게 제 나름의 방식을 통해 열심히 공부한 결과, 각종 수학·과학 경시대회나 올림피아드 등에서 수학 부문과 물리 부문에서 여러 상을 받게 되었습니다. 저는 공부를 한다는 것은, 단지 시험에서 좋은 결과를 얻기 위해서가 아니라, 지적 충족을 위한 스스로의 열정이라고 생각합니다. 그런 열정이 있었기에 내신에서 우수한 성적으로 좋은 성과를 거두게 되어 과학 특기자전형으로 ○○대학교에 지원할 수 있는 기회도 갖게 되었습니다. 아직 미숙한 부분도 많고 능력도 많이 부족하지만, 학문적으로 보다 노력하고 성숙한 학자로 성장하여 유기 합성화학에 일인자인 이은 박사님처럼 이 사회에 기여할 수 있는 사람이 되고자 합니다.

콕콕, 합격 포인트 찾기!

저는 자연과학을 연구하는 학도가 되기 위해서 합리적이고 구체적인 사고하기를 즐겨 했으며 이를 실현하기 위해서 실험과 관찰을 중시했습니다. 초등학교 때는 수학을 좋아했는데 단순한 계산보다는 복잡한 문제 푸는 것을 좋아했습니다. 복잡한 문제를 풀며 맛본 성취감으로 수학에 대한 흥미를 갖게 되어 초등학교 때부터 교내 수학경시대회에 입상은 물론, 중학교 때는 도 대회에도 참가했습니다. 또 저는 과학에 흥미를 느껴 관찰일기 쓰는 것을 좋아했습니다. 중학교 때 교내 과학 경시대회에서 입상했고, 고등학교 때는 과학 영재 교육을 받아 좀 더 깊이 있는 공부를 할 수 있었습니다.

제가 이 학과에 지원하게 된 것은 우리나라를 위해 제가 할 수 있는 일이라 생각했기 때문에 자연과학과에 지원하게 되었습니다. 물론 아직도 교사, 의사, 약사가 우리 사회에서 인정을 받는 직업이기 때문에 이 학과를 선택하는 것에 대해 부모님의 반대도 있었습니다. 하지만 저는 한 번뿐인 인생을 사회에서 선호한다고 그 분야에 진학하는 것은 바람직하지 않다고 판단했습니다. 진정한 삶을 위해 부모님을 이해시키고 설득시켰으며, 끝내 부모님의 허락을 받아내 최선을 다하라는 격려도 받았습니다.

저는 이 학과에 지원하고자 수학과 과학을 집중적으로 공부했습니다. 학력우수상에 수학과 과학이 단 한 번도 빠진 적이 없었으며, 의대를 지원하기 위해 기피한 지구과학 및 중요시되지 않는 환경과학에도 관심을 갖고 열심히 공부했습니다. 그래서 1학년 때는 '과학적인 논리와 창의적인 문제 해결력이 돋보인다, 수학·수리적 탐구능력이 뛰어나며 꾸준히 노력함' 이라는 평을 받았으며 2학년 때는 '수학1·추리력과 응용력이 좋음, 물리1·물리적인 현상에 대해 관심이 많고 기본 개념 이해력이 빠르며, 문제 응용 및 해결력이 돋보임, 지구과학1·공간능력과 분석능력이 뛰어남이라는 평을 받았습니다. 앞으로는 이러한 기초지식을 바탕으로 자연 현상에 대해 좀 더 깊이 있는 연구를 계속하고 싶습니다.

 콕콕, 합격 포인트 찾기!

전공 소양
독서토론 노트

다양한 분야의 책 읽기를 통해서 자기의 전공 소양을 찾아라.

    대학에 가보지도 않은 상황에서 전공을 선택하기란 쉽지 않은 일이다. 그렇다고 방법이 없는 것은 아니다. 다양한 분야의 책 읽기를 통해서도 자기의 전공 소양을 알아볼 수 있다. 아래에 제시한 분야별 독서활동을 통해 나에게 맞는 전공을 찾아보자.

인문 분야 독서 목록

번호	영역	도서명	저자
1	신화	그리스로마신화	토마스 볼핀치
2		이집트신화	베로니카 이온스
3		중동신화	후크
4		살아 있는 우리 신화	신동흔

5		정재서 교수의 이야기 동양신화	정재서
6	역사	역사란 무엇인가	E.H 카
7		문화로 읽는 세계사	주경철
8		서유견문	유길준
9		매혹의 질주, 근대의 횡단	박천홍
10		랑케 & 카: 역사의 진실을 찾아서	조지형
11	언어	언어본능	스티븐 핑거
12		언어란 무엇인가	니콜라우스 뉘첼
13		로스트 랭귀지	앤드루 로빈슨
14		성공한 사람들의 독서습관	시미즈 가쓰요지
15	철학	전통 청바지	김교빈, 김시천 공편
16		열하기 웃음과 역설의 유쾌한 시공간	고미숙
17		강의	신영복
18		공자, 노자, 석가	모로하시 데쓰지
19		나는 누구인가	리하르트 다비트 프레히트
20	문학	칼의 노래	김훈
21		당신들의 대한민국1,2	박노자
22		호밀밭의 파수꾼	샐린저
23		죄와 벌	도스토예프스키
24		노인과 바다	헤밍웨이
25		멋진 신세계	올더스 헉슬리

사회 분야 독서 목록

번호	영역	도서명	저자
1	정치,외교	청소년을 위한 정치 이야기	도리스 슈뢰더
2		정치학으로의 산책21세기	정치연구회
3		소리 없는 프로파간다	이냐시오 라모네
4		21세기를 바꾸는 교양	홍세화 외
5		참여하는 시민 즐거운 정치	이남석
6		백범일지	김구
7	경제,경영	불황을 넘어서, 어제 오늘 그리고 내일	앨빈 토플러
8		스티브 잡스의 신의 교섭력	다케우치 가즈마사
9		서희 협상을 말하다	김기홍

10		드림 소사이어티	롤프 옌센
11		미래에 집중하라	마티아스 호르크스
12		성공하는 기업들의 8가지 습관	제리포라스
13	사회,문화	무탄트 메시지	말로 모건
14		꼭 같은 것보다 다른 것이 더 좋아	윤병구
15		십시일반	박재동 외
16		이것이 인간인가	프레모 레비
17		교과서에도 나오지 않은 우리문화이야기	김진섭
18		위험한 생각들	존 브록만

수리과학 분야 독서 목록

번호	영역	도서명	저자
1	수학	생명을 살리는 수학	배종수
2		수학 비타민	박경미
3		수의 모험	안나 체라솔리
4		수학 클리닉	김용운, 김용국
5		청소년을 위한 동양 수학사	장혜원
6	과학	거의 모든 것의 역사	빌 브라이슨
7		최재천의 인간과 동물	최재천
8		과학과 기술로 본 세계사강의	매클렌란, 해럴드 도른
9		생물학 카페	이은희
10		자연과학의 세계	김희준

예술체육 기타 분야 독서 목록

번호	영역	도서명	저자
1	예술	문외한 씨, 춤 보러 가다	제환정
2		청소년을 위한 서양 음악사	이동활
3		우리 소리 우습게보지 말라	김준호
4		미학 오디세이1,2,3	진중권
5		영화, 미술의 언어를 꿈꾸다	한창호
6		건축, 음악처럼 듣고 미술처럼 본다	서현

전공독서 이력 노트

책이름	
지은이	출판사
소속학교	학년　　　　　　　이름
독서활동 기간	

전체내용 요약하기

인상 깊었던 부분의 줄거리 소개 및 이유 쓰기

전공 선택과 관련하여 자기 생각 펼치기

역사전공 관련 독서활동

● ● 거꾸로 읽는 세계사 (유시민)

이 책은 세계사 속의 사건들을 전부 서술하기엔 너무 분량이 많고 복잡하기 때문에, 중요한 역사적 사건들을 중심으로 서술하는 경향이 있다. 나는 이 책을 읽고 여러 역사적 사건을 볼 때 세계의 여러 사건들은 단 하나의 기준으로 옳고 그름을 따질 수 없다는 것을 깨달았다. 특히 역사학자들의 임무는 여러 시대적 가치에 흔들리지 않는 인류의 보편 가치를 찾아내 지켜내는 것이라고 생각한다.

● ● 문화로 읽는 세계사 (주경철)

이 책은 세계사의 양에 대한 막연한 두려움이 있었던 나에게 아주 재미있고 흥미롭게 세계사를 이해할 수 있도록 도와준 첫 번째 책이라고 할 수 있다. 역사는 항상 현재 흘러가고 있는 것까지도 포함한다는 것을 새삼 깨달았다. 이 책 자체가 문화를 테마로 해서 엮어놓아서 그런지 쉽게 읽히긴 했지만, 오히려 그 문화 속에서 역사를 발견하는 것에 대해 더 깊게 탐구해 봐야 하는 기회를 제공해주었다. 인류가 가진 가치에 있어서도 어떤 것이 진정한 가치인지 깨달으려면 우리가 역사를 올바른 시각으로 존중해야 하며 그에 따라 역사 속에서 교훈을 얻을 수 있다는 것을 알 수 있다.

● ● 서유견문 (유길준)

유길준은 서양의 문물을 무조건적으로 수용하려는 입장이 아니라, 나름대로 자신만의 기준이 있었던 것임을 알 수 있다. 특히 의식주의 측면에서 직업, 주거환경 등을 분석하면서 서양인들이 사는 모습을 자세하게 서술했다. 그는 급변하는 시기에 우리나라를 살리기 위해서 지식인으로서의 노력을 한 것이다. 나는 그처럼 진정한 지식인은 어떠한 자세를 가져야 하는지에 대한 고민을 했다. 또한 내가 역사학자가 되면 역사 속의 참 지식인들을 발굴해서 그들의 문제의식과 지식인으로서의 그 시대 삶의 태도를 밝혀 보고 싶다.

● ● 고조선은 대륙의 지배자였다 (이덕일 외)

나는 이 책을 읽고 나의 역사관은 어떻게 세울 것인가에 대한 고민을 많이 하게 되었다. 역사관이 어떤 방향으로 서 있느냐에 따라서 서술의 방향이 완전하게 달라지기 때문이다. 이 문제는 결국 수백 년 전 역사를 과거의 관점에서 보자는 랑케와 현재의 관점에서 보자는 크로체가 대립하던 문제가 아닌가 싶다.

● ● 벌거벗은 문화체험 (김병호)

저자가 걸어온 길은 내가 꿈꾸어 온 세계와 많이 닮아 있다. 그가 속해 있는 기구가 식량과 관련된 기구이다 보니, 그는 개발도상국이나 오지를 많이 방문했다. 그는 그 안에서 다양한 나라의 역사와 문화를 비교해 보고, 또 세계 인류문화와 역사의 원형을 찾았다. 나는 요즘같이 세계화가 화두가 되고 있는 시점에서 진정한 세계화는 무엇인지 생각했다. 그런 의미에서 나는 이 책이 세계 속의 다양한 문화, 역사를 몸소 체험하는 것이 중요하다는 것을 깨닫게 해주었다고 생각한다. 또한 나는 인류가 간직하고 지켜나가야 할 소중한 가치가 무엇인지 연구해 보고 싶다는 확신이 들었다.

 콕콕, 합격 포인트 찾기!

전공 소양 독서토론, 생생 합격이야기 ②

  저는 컴퓨터와 관련된 아이디어를 구상하는 것을 좋아합니다. 고등학교 2학년 때 읽은 〈iCon 스티브 잡스〉라는 책은 제 인생의 길을 밝혀 주었습니다.

  세계적인 기업인 애플의 창업자인 '스티브 잡스'의 이야기를 중심으로 이끌어나가는 이 책은 에디슨보다 엉뚱하고 빌 게이츠보다도 창조적인 인간 스티브 잡스의 성공과 실패, 그리고 역사상 가장 위대한 재기에 관한 이야기를 담고 있습니다. 이 책을 읽으면서 기업이라는 것은 꼭 사업을 해서 돈을 벌기 위한 수단이 아닌, 인간의 창조성을 발휘하고 자아를 실현하는 방법이 되며, 삶에 있어서 공동체에서 자신을 입증하는 수단이 된다고 느꼈습니다.

잡스는 최초의 퍼스널 컴퓨터(PC)를 만들어 우리 모두에게 꿈을 주었습니다. 그의 나이 스물넷에 백만장자가 되고 혁명적인 매킨토시도 내놓았습니다. 하지만 그는 늘 시대를 너무 앞섰기 때문에 시장성에서 실패하곤 했습니다. 잡스가 애플에서 쫓겨난 이유도 그 점 때문이었고, 잡스가 다시 세운 회사 NeXT사 역시 실패했습니다. 잡스가 NeXT사의 실패로 고전을 면치 못하고 있을 때, 그는 순전히 컴퓨터로만 애니메이션을 만들 수 있다고 생각하고, 조지 루커스로부터 픽사(Pixar)를 사들였습니다. 결국 1995년 최초의 3D 장편 애니메이션 '토이 스토리'를 성공시키고, 애니메이션 산업을 한 단계 업그레이드시키면서 할리우드 영화사의 흐름을 바꾸어 놓았습니다. 그 누구도 컴퓨터만으로 애니메이션을 만들 수 있다고 생각하지 못하던 시절이었습니다. 그는 현대 디지털 문화와 영화 · 음악의 미래를 이해하는 아이콘이며, 기상천외한 갖가지 괴벽에도 불구하고 그가 가진 창의적인 카리스마는 거부할 수 없는 매력이었습니다. 아무 걱정 없이 잘 진행될 것만 같던 일이 한 순간 예상치 못한 상황으로 무너지기도 하지만, 잡스는 결코 현실의 성공에 안주하지 않고 실패에도 굴하지 않는 혁신으로 시대를 앞서가는 개척자였습니다. 역사상 가장 위대한 재기의 드라마를 써낸 '스티브 잡스'를 보면서, 기업을 경영하고 그 속에 저의 삶을 위치시키면서 그것을 통해 저의 도전정신을 실현하는 것을 인생의 좌표로 삼을 꿈을 꾸게 되었습니다.

저에게 소중한 경험이었던 학생회활동은 작은 공동체의 경영인으로서 지도력과 책임감 그리고 성실성을 쌓을 수 있는 기회를 제공해주었고, 저는 전문적인 경영능력을 키워보고 싶습니다.

결론적으로 어떤 조직을 잘 운영해 내 자신의 자아 성취는 물론 사회에도 기여하고 싶은 욕구, 경영을 할 수 있다는 자신감과 경영정보학에 대해 전문적으로 공부하고 싶은 마음, 이 세 가지가 제가 경영정보학과를 지망하게 된 동기입니다.

> **콕콕, 합격 포인트 찾기!**

1.1 전공 소양 독서토론, 생생 합격이야기

"모든 인간은 태어날 때부터 자유로우며 그 존엄과 권리에 있어 동등하다. 인간은 천부적으로 이성과 양심을 부여받았으며 서로 형제애의 정신으로 행동하여야 한다."

세계 인권 선언문 제1조의 내용입니다. 인권의 평등을 강조한 이 조항에서 저는 새삼스레 우리나라의 인권 보장에 대해 생각해 보게 되었습니다. 하지만 제 머릿속에 떠오르는 인권 보장에 대한 생각은 그동안 언론에서 보고 들었던 피상적인 것들뿐이었습니다. 그러던 중 국가인권위원회가 발간한 〈십시일反〉이라는 책을 접하게 되었습니다. 이 책은 주류사회가 우리 사회 곳곳에 있는 소외 계층(외국인노동자, 동성애자, 트랜스젠더, 장애인 등)에 가하는 인권 차별의 생생한 모습을 담고 있었습니다.

 그동안 너무도 당연하게 여겨져서 차별인지 몰랐던 여러 가지 사회의 관습들, 우리나라에 와서 궂은일만 도맡아 하는 외국인 노동자들에 대한 노골적인 무시, 그리고 몸이 불편한 장애인들에 대한 우리들의 무관심을 보면서 성별, 인종, 재산 같이 겉으로 드러나는 면만을 보고 한 인간을 판단하는 우리 사회의 잘못된 인권사상을 느끼게 되었습니다. 뿐만 아니라, 스스로 차별을 하지 않겠다고 마음속으로 수없이 다짐을 하면서도 백인들에게는 호감을 가지고, 흑인들에게는 불쾌감을 나타냈었습니다. 그런데 지금은 거리에 외국인 노동자라도 지나가면 가난한 나라에서 우리나라에 돈 벌러 온 아주 하층의 사람들로 여기며 멸시의 눈길을 보냈던 저의 생각과 행동들을 반성하게 되었습니다.

 우리나라의 차별 없는 인권 보장을 위해서는 국가적 정책이 필요합니다. 그러나 근본적으로 국민들의 의식이 바뀌지 않는다면 진정한 인권 보장은 이루어지지 못할 것입니다. 인권은 차별의식을 없애는 것에서부터 나오므로 저부터라도 소외 계층의 사람들을 무조건 차별하는 것이 아니라, 이해하고 포용하려는 자세를 가져야겠다고 결심했습니다. 모든 사람이 이러한 노력을 하게 된다면 우리 사회는 차별 없는 인권 보장이 이루어질 것입니다.

콕콕, 합격 포인트 찾기!

전공 소양 독서토론, 생생 합격이야기

제임스 글릭이 쓴 〈천재〉는 제게 처음으로 '물리학'이라는 학문에 대해 알게 해준 책입니다. 초등학생 때 처음 읽었을 때에는 리처드 파인만이라는 천재 물리학자의 일대기 정도로만 파악하고 과학자로서의 그의 삶을 동경해 왔었습니다. 그러나 고등학생이 되어 이 책을 접했을 때에는 비록 이해하기 쉬운 내용은 아니었지만, 양자역학이나 우주왕복선 등 현대물리학의 여러 주제들에 대해 진지하게 생각하게 되었습니다.

또한, 이 책을 계기로 과학에 대한 지속적인 관심으로 과학자에 대한 꿈을 키울 수 있게 되었습니다.

콕콕, 합격 포인트 찾기!

새로운 학과
탐색 노트

학문도 운동, 변화, 창조의 법칙에서 자유로울 수 없다.

　내 꿈을 정하고 그것을 이루기 위해 전공학과를 선택해야 하는데, 내가 원하는 학과가 없을 수도 있다. 그럴 경우 대개 학문과 학문은 통하기 마련이기 때문에 유사학과를 선택하기 마련이다.

　설령 그렇다고 하더라도 내가 꼭 공부하기를 원하는 학과가 없다면, 그 분야의 학과를 구상해 보는 것도 필요하다. 이러한 구상이 새로운 학문을 만들어낼 수도 있기 때문이다. 학문도 운동, 변화, 창조의 법칙에서 자유로울 수 없다.

⒤ 새로운 학과 탐색, 생생 합격이야기 ①

　인간은 학문과 산업을 꾸준히 발전시켜 왔고, 우리는 이러한 지속적인 발전의 혜택을 누리고 있습니다. 의학의 발전으로 인간의 평균수

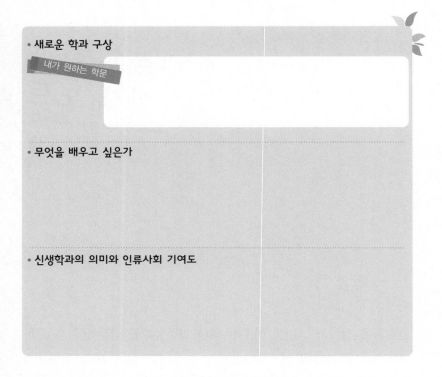

- 새로운 학과 구상

  내가 원하는 학문

- 무엇을 배우고 싶은가

- 신생학과의 의미와 인류사회 기여도

명은 거의 배 이상 늘어났고, 농업 기술의 발전으로 인간은 배고픔보다 오히려 비만을 걱정하는 시대가 되었습니다.

과학 기술의 발전은 각종 하이테크산업의 발전으로 불과 2~3백 년 전에는 몽상으로나 가능할 만한 생활을 하고 있습니다. 하지만 이러한 산업과 기술의 발전은 자연을 개발하고 정복하는 방향으로 이루어져 왔습니다. 이에 따른 환경의 변화는 인류의 생존을 위협하게 되었고, 그 결과 인간 활동에 의한 환경 변화과정과 환경이 인간에게 미치는 영향 및 해결방안이 지금의 가장 중요한 문제가 되었다고 생각합니다.

지금과 같은 생활수준은 물론, 환경 역시 더 이상 오염되지 않은 상태로 지속적으로 관리해야 한다고 생각합니다. 현재 우리가 살고 있는 지구는 우리의 것만이 아니라, 다음 세대에까지 물려주어야 하는 곳입니다.

그래서 저는 ○○대학교 공학계열에 지원해 화학공학 분야를 전공하고 싶습니다. 환경과 에너지 분야에 대한 연구를 통해 현재의 수질, 대기 환경오염의 문제를 이론적인 것은 물론 실제에 응용할 수 있는 설비를 개발하는 분야에 관심을 갖게 되었습니다. 미래의 공업은 폐기물 중 유효자원을 재활용하는 기술의 개발과 태양 에너지, 원자력, 지열, 풍력 등 재생에너지의 이용과 개발, 고성능 전지의 개발 등이 발전가능성이 높을 것으로 판단되어 공학계열에 지원하게 되었습니다.

입학 후 1·2학년 때는 야학과 봉사활동 등을 많이 하고 싶습니다. 봉사활동으로 인해 공부시간이 부족해질지도 모르겠지만, 하루 24시간이라는 시간은 자신의 계획과 행동에 따라 상대적으로 변한다고 생각합니다. 정말 저의 도움이 필요한 사람들에게 부족하지만 저의 능력이 닿는 만큼, 제가 가진 것을 나누어준다는 것은 커다란 보람이 될 것이고, 우리 사회를 더 잘 이해할 수 있을 것입니다. 또한 제가 그들에게 주는 것보다 얻는 것이 더 많을 것으로 생각됩니다.

3·4학년이 되면 전공 분야 학문을 갈고 닦는 데 저의 온힘을 기울이겠습니다. 화학 공업의 전반에 관련된 기초화학, 화학공학, 생물화학공업, 환경 관련 과목들을 열심히 배우겠습니다. 그 중 환경 분야를 심화 학습하고자 합니다. 일상생활에서 발생되는 생활하수, 산업

현장에서 발생하는 산업 폐수, 폐기물, 농약 사용으로 인한 토지 오염 등을 처리하는 것이 현재의 수준이라고 생각합니다. 하지만 앞으로는 이러한 오염물질들의 발생을 최소한으로 막고 만약 발생된다 하더라도 덜 해롭고 재활용이 가능하도록 원료를 대체하고 생산 공정을 변경시키는 일이 중요하다고 생각합니다. 그러므로 저는 화학공학과에 입학해 열심히 공부하고 이 분야에 대한 전문가가 되어 환경 문제 해결에 적극 기여하도록 노력할 것입니다.

졸업 후에는 환경 에너지 분야에서 일인자가 되고자 합니다. 제 꿈을 이루기 위해 지속적으로 환경 관련 기술개발과 연구활동을 통해 대학원 과정에 진학할 것이며, 외국으로 유학해 선진학문을 배우고 싶습니다. 자원고갈문제, 화학물질 오염의 위해성과 관리, 생태계 보전문제 등을 더 연구해 인류사회에 공헌하고, 대학교수가 되어 후배 양성에 힘쓸 것입니다.

이로써 미래의 전문인으로 사회에 이바지하는 ○○대가 원하는 인재상을 이루는 것이 저의 소망입니다. 학문의 길은 마라톤과 유사하다고 합니다. 지치지 않는 인내를 바탕으로 부지런히 노력해 폭넓은 지식과 교양을 겸비한 직업인으로 성장하고 싶습니다.

콕콕, 합격 포인트 찾기!

저는 학교에 다니면서 접하게 된 다양한 교과목 중에서 특히 수학, 과학과 관련된 과목에 흥미를 느꼈습니다. 그래서 초등학교 때부터 학교에서 친구들과 함께 하는 과학실험과 탐구를 좋아했습니다.

중학교 때는 특별활동으로 과학 실험반을 선택해, 과일전지 만들기, 보라색 양배추 실험, 비눗방울 수소폭탄 만들기 등의 실험을 하면서 더욱더 과학 과목에 흥미를 느끼게 되었습니다. 그날그날 주제에 따라 실험 목표를 정하고, 선생님의 도움을 받아 친구들과 함께 실험계획을 세우고, 실패를 반복하면서 마침내 원하는 결과를 얻었을 때 느껴지는 성취감은 제 자신에게 자신감을 심어주었고, 탐구하는 재미를 주었습니다.

고등학교 1학년 때, 저는 진로에 대해 많은 생각을 하게 되었습니다. 사실 이과 과목에 흥미가 있었지만 구체적인 꿈은 갖고 있지 못했었습니다. 그러던 중 아버지의 권유로 〈바이코리아〉라는 책을 읽게 되었고, 이 책을 통해 우리나라 이공계의 현실이 너무도 어렵다는 것을 알게 되었습니다. 우리나라의 미래를 위해서는 이공계를 살리는 노력이 매우 중요하다는 것을 깨닫게 되었습니다. 결국 저는 그때 '나도 이공계를 살리는 데 도움이 되고 싶다.'라는 생각을 하게 되어 진로를 이공계로 결정하게 되었습니다.

처음에는 아버지의 영향으로 인해 건축 분야에 관심을 가졌지만 고등학교 2·3학년 때 좀 더 세분화된 과학을 배우면서 특히 화학 쪽에 흥미를 가지게 되었습니다.

  화학을 통해 물질세계를 이해할 수 있다는 것이 저에게는 매우 매력적으로 느껴졌습니다. 그러던 중 어떤 과학 잡지를 통해 화학생물공학이 21세기를 이끌 분야로 손꼽히는 정보 기술, 바이오, 나노 기술 등도 포함하는 종합공학적 성격을 띠고 있으며, 국가의 기간산업으로 국민의 생활문화 수준까지도 좌우하는 중요한 역할을 할 학문이라는 사실을 알게 되었습니다. 이런 분야가 있다는 사실을 알게 된 저는 이 분야에서 성공해 우리나라 발전에 도움을 줄 수 있는 인재가 되어야겠다고 결심하게 되었습니다.

  화학생물공학은 그 응용 범위가 굉장히 넓어 화학생물공학도의 수요가 늘어나고 있다고 합니다. 대학에 입학해 전문적인 지식의 폭을 넓혀가며 제가 가장 관심가지는 분야를 구체적으로 공부하고 연구해 보고 싶습니다. 현재 저는 전문적인 지식을 갖추고 있지 못하지만, 고등학교 재학시절 교내의 수학, 과학 분야에서 최우수상을 받은 경험과 과학에 대한 열정, 끈기 있게 탐구하는 적극적인 태도를 바탕으로 미래의 인재로 성장해 나갈 가능성이 충분하다고 확신합니다. ○○대학교 화학생물공학부에 진학해 '융합의 중심'에 서서 미래 사회를 이끌어나갈 재목으로 성장하고 싶습니다.

  콕콕, 합격 포인트 찾기!

　보안과 경영을 융합하여 안철수 연구소를 설립하고 비영리를 목적으로 무료 백신을 보급하는 등 진정한 경영인의 자세를 보여주셨던 안철수 교수님의 기사를 읽었었습니다. 이 글을 읽고 어려서부터 배워온 컴퓨터 공학적 지식을 경영과 융합시킬 수 있는 방법은 없을까 하는 생각을 해보았습니다. 관련 직업을 탐색하던 중에 컴퓨터공학적 지식을 바탕으로 경영을 접목시켜 컨설팅을 해주는 'IT 컨설턴트'라는 직업을 알게 되었습니다. 제가 궁극적으로 본교에 지원하게 된 이유는 본교만의 독특한 복수전공 시스템 때문입니다. 이공계열의 전문지식과 경영학적 적용방법에 모두 능통한 사람이 되는 것이 제 꿈인 정보분야 IT 컨설턴트가 되는 데 큰 도움이 될 것이기 때문입니다. 테크노 경영학과에 들어가 전자전기컴퓨터학부의 한 트랙을 선택해 복수전공한다면 타 대학에 비해 이상적인 공부가 가능할 것이라고 생각합니다. 저의 재능과 잠재력을 눈으로 증명해 보일 수는 없지만, 현재까지의 활동상황과 앞으로의 계획 등에서 저의 비전이나 확고한 의지가 드러났으리라 확신합니다.

　… (중략) …

콕콕, 합격 포인트 찾기!

제2부

나의 길을 다지는
도전과 모험 여행

꿈과 직업 그리고 전공이 정해졌다면 이제 목표가 확실해졌다. 내가 원하는 공부를 하기 위해서는 꿈을 이룰 수 있는 대학을 찾아야 하고, 그 대학에 들어가기 위한 조건을 갖추어야 한다.

입학사정관제에서는 '정성평가'라 하여 눈에 보이지 않는 잠재가능성 지수, 인성 지수, 사회공동체 지수, 실전경험 지수, 지적호기심 지수, 아이디어 지수, 글로벌리더십 지수 등, 한 사람의 능력을 입체 다면적으로 테스트한다.

따라서 원하는 대학을 가기 위해서는 이처럼 눈에 보이지 않는 역량들을 키우고 그것들을 눈에 돋보이게 갖추는 것이 무엇보다도 중요하다.

chapter 1

잠재능력 지수를 높여라!

흔히 청소년기는 '완성태'가 아니라 '가능태'라고들 말한다. 무한한 가능성이 열려 있다는 뜻이다. '내가 이 세상에 태어난 이상 내가 할 일은 따로 있다'라는 정신을 가져야 한다. 모든 일은 보이지 않는 마음에서 시작되기 때문이다. 그것이 인간이 지닌 잠재력이다. 따라서 잠재능력이란, 내 마음속 정보를 스스로 해독하고 그 역량을 발굴해서 사용하는 힘이다.

현상에서 벌어지는 일들을 내 마음의 눈으로 관찰하고, 나만의 의지로 해결해 보자. 그리고 내가 스스로 해결한 일에 대해서 자족하고 주위에서 인정받은 부분이 있는지 살펴보자. 또한 하루 한 가지 나의 장점 찾기, 하루 한 가지 자기 칭찬하기 등 나를 사랑하는 방법을 배우자.

창의적
문제해결 노트

답은 밖에서 찾으려면 멀어지지만 내안에서 찾으면 다가온다.

삶은 자신의 정체성과 주체성을 찾아가는 여정이다.

나는 누구인가. 나는 무엇을 하고 살 것인가. 어떻게 사는 것이 후회하지 않을 삶인가. 머리 아프고 진부한 질문들이다. 그러나 사람이라면 의식적이든 무의식적이든 이러한 질문을 피해갈 수는 없다. 피하는 만큼 숙제가 쌓인다. 피할 수 없다면 그 질문과 맞서 싸워보자. 그런데 그 답은 밖에서 찾으려면 멀어지지만 내안에서 찾으면 다가온다.

우선 작은 문제부터 하나씩 풀어보자. 평소에 문제 삼고 싶었던 부분을 들여다보자. 그 문제를 나의 관점에서 분석해 보고 내 방식으로 해결해 본다. 이러한 방법으로 자기주도적인 문제해결을 반복하다 보면 나만의 잠재적 성향을 발견할 수 있다

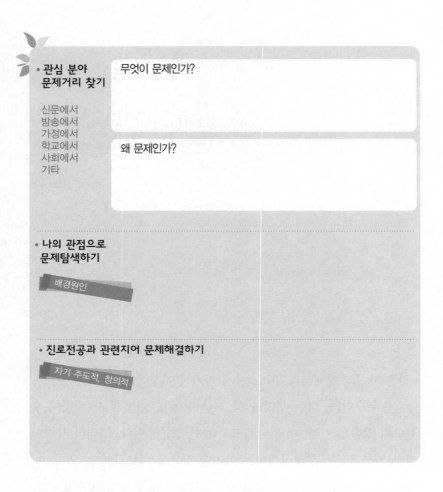

• 관심 분야
  문제거리 찾기

  신문에서
  방송에서
  가정에서
  학교에서
  사회에서
  기타

무엇이 문제인가?

왜 문제인가?

• 나의 관점으로
  문제탐색하기

  배경원인

• 진로전공과 관련지어 문제해결하기

  자기 주도적, 창의적

⑴ 창의적 문제해결, 생생 합격이야기

고등학교 1학년 때 사회과목 과제로 문화 환경 개선을 위한 보고서를 작성해 제출하는 과제가 있었습니다. 함께 보고서를 작성하는 구성원들의 의견을 종합한 결과, 장애인들이 이용하는 복지시설물 중에 실제로 장애인이 사용하기에 불편한 점을 찾아보고, 이를 개선할 수 있도록 관할 구청에 민원을 제기해 보자는 의견을 얻게 되었습니다. 그래서 함께 인근 공공 시설물들을 찾아다닌 결과, 지하철 역사 근처 장애인용 승강기 관리가 소홀해 안내판이 떨어지고 작동에 문제가 있다는 것을 찾아낼 수 있었습니다. 많은 장애인들이 승강기를 이용하는 데 어려움을 겪고 있다는 것을 알고, 저는 리프트 관리를 강화해줄 것을 구청에 요청했습니다. 얼마 지나지 않아 구청은 장애인들이 불편 없이 승강기를 이용할 수 있게 보수가 되었습니다.

 저희는 작은 관심과 보살핌으로 장애인들이 보다 편하게 지하철을 이용할 수 있게 되었다는 사실에 보람을 느끼게 되었습니다. 또한 저희의 작은 노력으로 사회가 개선되어 갈 수 있다는 교훈을 얻은 소중한 경험이었습니다.

콕콕, 합격 포인트 찾기!

자기 역량 지각
노트

나만의 숨어 있는 잠재 에너지를 찾아보라.

  살아오면서 가장 자랑하고 싶었던 일은? 가장 인정받았던 일은? 칭찬받았던 기억은 없는가? 그때의 느낌과 감동을 떠올려 보자. 그 속에 나만의 잠재에너지가 숨어 있다. 아래의 워크지를 작성해 발표한 다음 서로의 잠재 역량을 이야기해 보자.

1.1 자기 역량 지각, 생생 합격이야기

  저는 초등학교 5학년 때부터 서예와 한문을 익혔습니다. 5년 이상 서예를 하면서 차분한 인성과 인내심을 기를 수 있었습니다. 한자를 많이 알면 국어를 더 잘 이해할 수 있고, 일어·중국어를 배우기도 쉬워 일상생활에서 유용하게 쓰인다는 말을 듣고 한자의 필요성도

● 자랑스러운 일

● 자랑스럽다고 여기는 이유

● 나의 역량 정보 찾기

잠재가능성,
다른 사람보다
잘할 수 있는 것

느끼게 되었습니다. 그래서 저는 더욱 한자에 흥미를 붙이게 되었고, 중2 때는 ○○○대학교에서 주최한 한문시험에도 응시했습니다. 이런 경험들은 그 해 일본어 공부 시작, 한자급수 취득, 외국어고등학교 중국어과 지원으로 이어졌습니다.

이후, 단순히 책을 통한 언어와 지식은 한계점이 있다고 생각한 저는 '백문이불여일견' 이라는 말처럼 직접 일본과 중국을 체험하고 돌아왔습니다. 고1 여름방학 때 일본에서 선진 시민문화와 개방된 대중문화를 경험했고, 고2 수학여행 때 중국에서 현장 회화를 통해 그곳의 생활을 느끼고 온 후, 한자의 영향을 다시 한 번 깨닫게 되었습니다. 또한 저의 세계관 역시 넓어졌습니다. 보다 넓은 한자문화권의 언어와 사회를 공부해 한·중·일을 무대로 활동하고 싶은 포부가 생겼습니다.

　서예와 한문이 저의 인성을 형성하는 데 도움이 되었다면, 우리의 전통악기를 다룬 경험은 저에게 공동체에서 소통하는 법을 익히는 데 중요한 도움이 되었습니다. 초등학교 때 국악부에서 가야금을 배웠고, 중학교 때는 풍물 동아리에서 꽹과리를 쳤습니다. 이를 통해 조직 구성원들 간의 화합과 조합이 중요하다는 것을 배웠습니다. 그 중 가장 큰 경험은 체육대회 때 동아리를 대표해 개막식을 도맡았던 일입니다. 오랜 연습 끝에 꽹과리, 장구, 북, 징이 하나가 되어 전교생 앞에서 펼쳤던 공연은 이루 말할 수 없는 기쁨과 감동을 제게 안겨 주었습니다. 공연자뿐만 아니라 듣고 있는 이들까지 신명나게 하는 우리 풍물의 소중함을 느낄 수 있었습니다. 비록 연습할 땐 힘들었지만 각기 다른 음색을 내는 타악기가 구성진 가락을 만들어내기 위해서는 서로의 화합과 유대가 필요하다는 것을 배울 수 있었습니다.

콕콕, 합격 포인트 찾기!

자기 칭찬 노트

자기를 긍정의 방향으로 운전할 때 잠재능력은 살아난다.

웃음과 칭찬은 사람의 기운을 돋우는 묘한 힘이 있다. 그것은 자기 자신에게도 통한다. 마음, 정신, 몸은 내가 어떻게 관리하느냐에 따라서 긍정의 방향으로도, 부정의 방향으로도 움직인다. 자기를 긍정의 방향으로 운전할 때 잠재능력은 살아난다. 자신에게 웃음과 칭찬을 주는 방법을 생각해 보자.

1.1 자기 칭찬, 생생 합격이야기

저는 중학교 때까지 선뜻 '아니오' 라는 말을 못하는 우유부단한 아이였습니다. 그러다 보니 힘들고 벅찰 때가 많았습니다. 한번은 부모님과 어디를 가야 하는 약속이 있었는데 학급 일을 남아서 처리하느

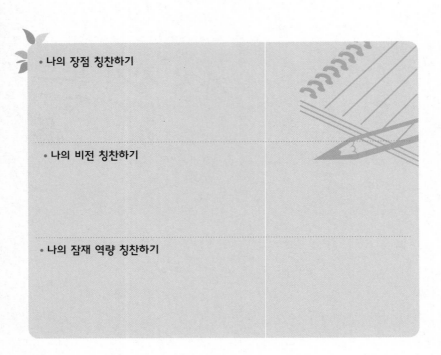

• 나의 장점 칭찬하기

• 나의 비전 칭찬하기

• 나의 잠재 역량 칭찬하기

라 약속을 어겨 꾸지람을 듣기도 했습니다. 저의 이러한 태도가 좋지 않음을 깨달은 저는 어렵더라도 '예', '아니오'를 분명히 말할 수 있는 사람이 되어야겠다고 생각했습니다. 그때부터 원하지 않거나 옳지 못한 일에 대해서는 분명히 거절하고, 그 거절의 이유에 대해 저의 생각이나 상황을 차분히 이해시킬 수 있도록 노력해 왔습니다. 진실은 누구에게나 통하게 마련인지 이제는 친구들도 저를 그저 마음 좋은 친구가 아니라, 자기 의사 표현이 분명한 이해심 많은 친구로 대해줍니다.

　한때 소극적이고 우유부단한 성격이었던 제가 책임감이 강하고 적극적이며 화합된 모습으로 변한 계기는 중학교 때 학급회장을 맡았던 경험이 크다고 생각합니다. 당시 저희 학교에서는 해마다 체육대회를 개최했습니다. 학급 회장이었던 저는 각 종목에 선수를 뽑아 새벽시간과 방과 후 시간을 이용해 목이 쉬고 팔이 부을 정도로 열심히 연습했습니다. 특히 응원을 위해서는 앞치마와 바가지 같은, 다른 반에서 미처 생각 못하는 도구를 준비하는 등 세밀한 계획도 세웠습니다. 하지만 최선을 다했음에도 불구하고 계주, 축구 등에서 예선탈락을 하자 친구들의 실망은 이만저만이 아니었습니다. 그런데 계획해 두었던 응원이 하나 둘 모습을 나타내자, 개성이 강한 친구들도 하나가 되어 열심히 응원했습니다. 결국 우리 반이 응원상을 타게 되었을 때, 반 아이들의 환호 소리는 정말 하늘을 찌를 듯했습니다. 몇몇 선수들의 힘으로 얻은 결과가 아니라, 모두가 하나 되어 얻은 값진 결과였기에 기쁨은 배가 되었던 것입니다.

그 후 학급회장으로서 학급의 일을 추진하면서 의견을 모으는 일에 힘들어 본 적이 없습니다. 학급회장으로서의 활동은 제가 이후 맡은 일에 적극적이고 책임감이 강한 사람으로 인성을 형성하게 한 소중한 경험이 되었습니다.

> ✏ 콕콕, 합격 포인트 찾기!

chapter 2

인성교양 지수를 높여라!

'사람이 사람답지 않으면 사람이 아니다'라는 말이 있다. 그런데 사람답다는 기준은 무엇일까? 동서고금에서는 사람과 사람 사이의 신뢰와 소통이라고 말한다. 신뢰와 소통의 에너지, 그것이 바로 인성 교양이다. 이런 점에서 인성 교양은 그 사람의 바탕에너지다. 기초가 튼튼해야 건물을 높이 올릴 수 있듯이 인성 교양 지수가 높을수록 지속가능한 성장이 가능하다. 현대사회에서 인재기준으로 인성 교양 지수가 중요시되는 것도 이 때문이다.

인성 교양은 하루아침에 길러지지 않는다. 매일매일 순간순간 자기 마음과 생각과 행동을 돌아보는 훈련이 필요하다. 고전 읽고 토론하기, 성공한 사람들의 인성 교양 살피기, 존경하는 사람에게 편지 쓰기 등 인성 교양에 대해서 먼저 고민하고 그 길을 걸어온 사람들과 가까이 하는 것이 좋은 방법이다.

인성 교양 지수
점검 노트

사람 사이에서 느끼지는 정서직관은 대단히 예리하고 유효하다.

인성 교양은 대단히 추상적이고 주관적이다. 시대와 상황에 따라 또 사람에 따라 다르게 판단할 여지가 많기 때문이다. 그럼에도 불구하고 사람 사이에서 느끼지는 정서직관은 대단히 예리하고 유효하다.

우리는 어떤 상황에 직면했을 때 수학문제처럼 '이것은 무엇이다' 라고 답을 말할 수는 없지만 느낌상 '이것은 아니다' 라든지 '석연치 않다' 든지 하는 경우에 그것을 무리하게 선택해 낭패를 보는 경우를 종종 경험한다. 이러한 이유에서 입학사정관제에서는 사회적 경륜이 많은 위촉사정관들이 심층면접을 통해 학생들의 인성 교양 지수를 집중 평가한다. 아래에 제시된 인성 교양관련 문항들을 스스로 점검해 보자.

항목 / 평가	매우 그렇다	그렇다	보통 이다	그렇지 않다	매우 그렇지 않다
나는 정직하다.					
나는 성실하다.					
나는 책임감이 있다.					
나는 법을 준수한다.					
나는 타인과의 관계가 원활하다.					
나는 공부하는 것이 좋다.					
나는 솔선수범하며 주도적으로 일을 처리한다.					
나는 독립적으로 일을 처리한다.					
나는 참을성이 많다.					
나는 내 나이에 맞게 정서적으로 성숙하다.					
나는 곤란한 상황에서도 웃을 수 있는 여유가 있다.					
나는 다른 사람을 고려하여 일을 처리한다.					
나는 해야 할 일을 미루지 않는다.					
나는 어려운 일에 대하여 포기하지 않는다.					
나는 건강하고 운동을 좋아한다.					
나는 즉흥적이지 않고 논리적으로 표현한다.					
나는 모방하기보다는 독창적으로 생각한다.					
나는 균형 잡힌 유연한 사고를 가지고 있다.					
나는 불우한 사람을 보면 적극 돕는다.					
나는 행복하다.					

[고려대학교 자료 참조]

인성 교양 지수 점검, 생생 합격이야기

성공적인 삶을 살기 위한 필요조건은 능력과 인성을 함께 갖추는 것
이라고 생각합니다. 훌륭한 능력과 사람들이 부러워할 만한 부와 지

위를 갖췄지만 불행한 삶을 사는 사람들이 있습니다. 행복은 가족, 친구 등 자신을 둘러싼 사람들과의 원만한 대인관계에서 시작됩니다.

저는 저의 꿈을 성취하기 위해 학업성적과 함께 심성과 인격을 개발하기 위해 노력했습니다. 먼저 성적을 최상위권에 올려놓아야 제가 이루고 싶은 꿈을 이룰 수 있다고 생각했기 때문에 최선을 다해 공부했습니다. 학원이나 과외에 의존하기보다는 제 수준에 맞는 학습계획을 수립하고 그 계획과 목표를 위해 꾸준히 노력했습니다. 그 결과 우수한 내신성적뿐만 아니라 각종 외부 학력경시대회에서도 국어, 영어, 수학 최우수상을 수상했으며 논술 우수상도 수상했습니다. 그리고 저는 심성개발을 위한 노력을 아끼지 않았습니다. 고등학교 1학년 때는 봉사부원으로 남을 배려하는 협동하는 학생이 되려고 했고, 2학년 때는 학급반장을 역임하면서 지도력을 키우고 책임감을 키워갔으며, 3학년 때는 대인관계를 위해 노력한 결과, 담임선생님께서 책임감 있는 모범생이라고 평해주셨습니다.

저는 이기적인 삶보다는 제가 속한 집단에서 필요로 하는 사람이 되기 위해 노력했습니다. 현대사회에서는 모두가 자기 자신의 이익을 우선시하고 집단이나 단체의 이익에는 소홀한 면이 있습니다. 그래서 저는 궂은일에는 솔선수범하고 희생적인 일에서는 남보다 앞장서서 일했습니다. 이러한 솔선수범을 통해 친구들로부터 신망이 두텁다는 평을 받을 수 있었습니다.

또 저는 목표달성을 위해 최선을 다했습니다. 저희 학교 교과과정에 경제교과가 개설되지 않아 혼자 경제교과를 공부했습니다. 인터넷 강의로 밤을 새워가면서 공부했습니다. 학교수업과 병행하느라 무척 힘들었지만, 그래도 공부한 보람이 있어 탐구영역 경제성적은 1등급이었습니다. 물론 이런 결과를 얻게 된 것은 저의 노력도 있었겠지만, 부모님께서 고1 때부터 꾸준히 경제에 관한 신문기사 내용을 스크랩해주셔서 경제공부를 쉽게 할 수 있었습니다. 이제 저는 제 꿈인 ○○대학교 경영학과 꼭 합격해 나보다 남을 위한 경영인이 되도록 노력하겠습니다.

 콕콕, 합격 포인트 찾기!

🔲 인성 교양 지수 점검, 생생 합격이야기 ②

저희 집은 현대사회의 보편적 가족형태인 핵가족이 아닌, 삼대가 함께 모여 사는 대가족입니다. 또한 친척 어르신들과 사촌 언니, 오빠들과 서로 자주 왕래하며 가깝게 지내고 있습니다. 이런 환경으로 인해 저는 자연스럽게 대인관계를 어떻게 형성해야 하는 것인지 배웠으며 항상 제 자신보다 남을 먼저 생각하고 배려해주는 인성을 갖게 되었습니다.

또 다른 저의 장점은 적극성과 책임감입니다. 저는 모든 일에 적극적이고, 성취하고자 하는 것을 위해 최선의 노력을 기울입니다. 모든 일에 적극적으로 임하면서 탐구하고자 하는 욕구가 강합니다. 하지만 일이 잘 풀리지 않고 제 능력을 마음껏 발휘할 수 없을 때에는 조바심을 내기도 하며, 제 자신에게 실망하기도 합니다. 저는 다른 과목에 비해 영어성적이 부족한 편이었는데, 생각만큼 영어성적은 오르지 않고 경쟁상대인 친구를 의식하면서 마음이 불편했던 적이 있었습니다. 그때 '다른 사람과 비교할 필요는 전혀 없다. 자기 자신의 목표를 가져야 한다.' 라는 생각을 하게 되었고, 남을 신경 쓰지 않고 계획대로 공부한 결과, 좋은 결실을 맺을 수 있었습니다. 제 욕심에 얽매여 경직되기보다는 자신의 위치를 인정하고 남보다 오래 걸리더라도 끝까지 노력하는 것이 중요하다는 것을 깨닫게 된 것입니다.

이후, 상대방의 우수성을 솔직히 인정하고 존경하면서 상대가 성장할수록 저 또한 성장할 수 있음을 알게 되었습니다. 이제는 목표를 가지고 계획을 차근차근 추진해가게 되었고, 끈기 있는 태도를 지닐 수 있게 되었습니다. 단순한 욕심을 넘어 끊임없는 호기심과 도전의식을 갖게 된 저는 주위에서 야무지다는 평도 듣고 있습니다. 앞으로도 제 목표를 위해 끊임없이 노력하는 사람이 될 것입니다.

🖱 콕콕, 합격 포인트 찾기!

고전독서 토론 노트

고전은 세상이 변하거나, 사람 마음이 변해도 바른 길이 무엇인지 가르쳐준다.

  고전은 단순히 옛날의 지식이 아니다. 수천 년, 수백 년 동안 버려지지 않고 그 자리를 지키고 있는 이유는 무엇일까?

  그것은 세월이 흘러 세상이 변하거나, 사람 마음이 변해도 사람이 가야 할 바른 길이 무엇인지 가르쳐주기 때문이다. 아래에 제시한 한국고전, 동양고전, 서양고전을 중심으로 읽고 서로 토론하면서 그들이 고민한 문제는 무엇이며 그것이 오늘날 나(우리)에게 무슨 의미가 있는지 대화해 보자.

 고전독서 목록

번호	영역	도서명	저자
1	한국고전	삼국유사	일연
2		삼국사기	김부식

3		금강삼매경론	원효
4		새벽에 홀로 깨어	최치원
5		정혜결사문	지눌
6		욕심을 잊으면 새들의 친구가 되네	이규보
7		도산에서 사는 즐거움	이황
8		석담일기	이이
9		난중일기	이순신
10		지금 조선의 시를 써라	박지원
11		다산의 풍경	정약용
12		무소유	법정
13	동양고전	논어	공자
14		맹자	맹자
15		순자	순자
16		도덕경	노자
17		장자	장자
18		묵자	묵자
19		한비자	한비자
20		손자병법	손자
21		사기열전	사마천
22		주자어류	주희
23		전습록	왕수인
24		삼민주의	손문
25	서양고전	오디세이아	호메로스
26		국가론	플라톤
27		니코마코스윤리학	아리스토텔레스
28		고백록	아우구스티누스
29		신곡	단테

📑 고전독서 토론 노트

- **고전명**

- **단원 주제**

- **텍스트**

  주요부분 발췌

- **키워드**

  비유, 상징

  정의

  해석

  분석

- **텍스트 맥락해석**

  발췌부분

- **적용, 비판**

  세계관

  인간관

  가치관

- **질문거리, 토론거리**

99

●●● 노자의 〈도덕경〉을 읽고

노자는 윤리교과서에서 읽은 적이 있다. 교과서 속에서 논하는 노자는 '무위자연', '도' 등을 주장하는 사상가로 알려져 있다. 하지만 나는 무위자연이나, 도라는 것이 조금은 허무맹랑하고 현실과 동떨어져 있다는 생각이 들었다. 그래서 한 번은 꼭 〈도덕경〉을 읽어봐야겠다는 생각을 했다. 사실 처음 다 읽고 나서의 느낌은 읽기 전과 별반 다를 바가 없었다. 왠지 신선의 이야기 같고, '자연으로 돌아가라'는 말이 어색하게만 들렸다. 하지만 노자의 주장은 우리가 흔히 생각하는 것처럼 산속에 들어가서 도인처럼 살라는 말도, 현실을 도피하라는 말도 아니었다.

우선 노자는 '도'와 '덕'에 대해서 논한다. 도는 만물에 존재하는 것으로써 우리 인간의 삶 모든 것에 관여하고 있다. 이것은 만질 수도 없고, 눈에 보이지도 않고, 어느 하나로 규정할 수도 없다. 하지만 노자는 사물이든, 동물이든, 식물이든 모두 이 도에 맞게 살아가고 있으며 또한 사람도 이 도에 맞게 살아가야 함을 힘주어 말하고 있다. 특히 그 시대에 맞게 장수의 공이나 업적, 그리고 군자의 도, 나라 다스림에 관한 이야기를 도에 맞게 서술하고 있다. 덕은 이러한 도가 인간 세상에서 드러난 것을 뜻한다. 덕 또한 도와 마찬가지로 만질 수 없고, 볼 수도 없지만 이 세상 모든 것의 이치가 된다. 이렇듯 이 책에서는 도와 덕을 핵심개념으로 삼고 이야기를 전개해 나가고 있다.

여기서 도는 인간의 사물에 대한 인위적인 시각이나 인식과 대비해 형이상학적인 것으로 설명하고 있다. 인간의 행동이나 말 등, 인간이 행하는 모든 것을 자연의 이치와 비교해 비판하고 있다. 우리가 흔히 가지고 있는 오감, 오미, 오색 등의 것들도 모두 인위적인 것이라고 판단해 기존의 인간 인식 자체를 바꾸려는 주장을 받아들이기 어려웠다. 물론 자연의 순리라는 것이 있고, 또 인간이 자연 속에서 살아가는 자연의 일부이기 때문에 자연의 이치를 존중해야 한다고 생각한다.

하지만 눈에 보이지도 않고, 잡을 수도 없는데 현실에 적용해 우리의 일상적인 일을 행하는 데 실천해야 한다는 것이 조금은 막막했다. 하지만 노자의 이론은 하나하나 끼워 맞춰서 꼭 현실에 적용하는 게 중요한 것이 아니라, 모든 행동의 바탕이 되어야 한다는 것을 깨달았다. 즉, 어떤 일을 하더라도 그것의 본질을 파악하고 순리대로 행해야 하는 것이다. 사실 나는 아직 많은 일들을 겪어보지 않았고, 성인이 되어 사회에 나가면 지금보다도 더 복잡하고 해결하기 힘든 일들이 있을 것이다. 그럴 때 조금은 물러서서 그 문제의 숲을 보는 것이 어쩌면 문제를 바로 볼 수 있는 방법이라고 생각한다.

또 하나 노자가 중요하게 생각하는 것이 인간관계이다. 그것은 성인의 모습을 통해서 배울 수 있다. 사람이 세상을 살아가는 데 있어서 타인과의 관계는 무척 중요하다. 관계를 형성할 때 각자가 억지스러움이나 인위적인 마음가짐을 가지고 행동하거나 말한다면 잘 이루어질 수 없을 것이다. 노자는 그런 면에서 내게 놀라움을 주었다. 그는 이것을 한평생 살면서 다 느끼고 또 실천하려고 노력했기 때문이다.

책을 가만히 읽다 보니 비판도 하게 되었는데, 그 비판들은 내가 노자의 사상을 읽으면서 표현상의 문제로 이해를 못했던 것들이었다. 어떻게 보면 '무위자연'이라는 것이 단순히 자연으로 돌아가라는 식의 도피성의 말로 들릴 수도 있다. 나 또한 처음에는 그렇게 생각했었다. 그런데 노자의 사상은 절대 현실 도피적 사상이 아니었다. 오히려 발 벗고 자신의 삶에 뛰어들라고 주장하는 사상가였다. 도에 맞게 살라는 것은 어떻게 보면 굉장히 쉽지만, 또 다르게 보면 굉장히 어려운 것이다. 왜냐하면 철저히 자연스러운 삶을 살아가라고 하고 있기 때문이다.

하지만 요즘 우리들은 자연스럽게 살아가기는커녕 남들에게 치여서, 혹은 무한경쟁시대 속에서 원치 않는 경쟁을 하면서 살고 있다. 우리는 '자연스러움'이라는 개념조차도 제대로 이해하지 못하고 있기 때문이다. 노자가 살았던 시대의 자연스러움이나 지금의 자연스러움이 조금은 다를 수도 있다. 하지만 노자가 그때나 지금이나 사람들이 인생을 살아가면서 하는 본질적인 고민은 똑같다고 생각한다. 그러므로 현대인의 이런 삶은 노자에게 바람직하지 못한 삶이다.

특히 자신에게 맞지 않는 삶을 사는 것, 억지로 무엇인가를 하기 위해, 또는 무엇인가를 이루기 위해 사는 삶은 더더욱 그렇다. 그런데 우리는 대부분 그런 삶을 살고 있다. 노자는 우리에게 지극히 평범하고도, 자신에게 충실한 삶을 살기를 권하는 것이다. 현대의 삶 속에서 과연 노자의 말대로 살아가는 사람은 과연 몇이나 될까? 아마 손에 꼽을 정도로 적을 것이다. 남의 시선에 사로잡히지 않고, 자신이 원하는 대로, 자신이 추구하는 대로 산다는 것은 쉽지 않다. 남들에게도 떳떳하고, 나 스스로에게도 떳떳해야 하기 때문이다. 이것은 단순히 무언가를 원한다고만 해서 이루어지는 일은 아니다. 나 스스로가 끊임없이 노력하고 또 열심히 살아야 가능한 것이다.

  지금 나의 상황도 노자가 바람직하지 않다고 말하는 그런 삶과 비슷하다. 하지만 내가 지금 이렇게 노자의 사상을 읽고, 느끼고 실천하기 위해 노력하는 삶은 결국 노자가 권하는 삶과 비슷하지 않을까 싶다.

콕콕, 합격 포인트 찾기!

성공 인물 관찰
노트

동서고금의 성공한 인물들의 업적 이면에는 숨겨 있는 인성 교양이 있다.

성공한 사람은 나름대로 이유가 있다. 물론 실패한 사람도 그 나름의 이유가 있다. 청소년기에 그들의 삶을 관찰하는 것은 매우 의미가 깊다. 인성 교양의 가치가 형성되는 중요한 시기이기 때문이다.

대개 사람들은 성공한 사람들의 화려한 겉모습이나 표면적인 업적에 무게를 두고 판단해 버린다. 하지만 성공한 사람들의 공통점은 단순한 재주나 기능 그리고 잔꾀가 아니라, 인성 교양의 정도라고 한다. 바탕이 약하면 오래가지 못한다.

동서고금의 성공한 인물들의 드러난 업적 이면에 숨겨 있는 인성 교양의 요소를 관찰해 보자.

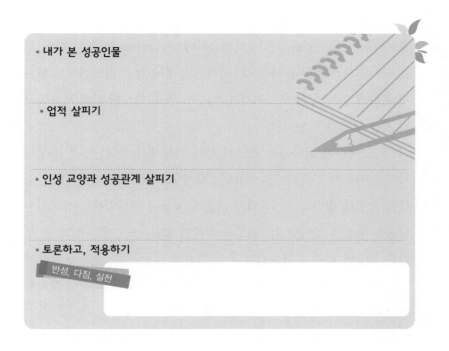

- 내가 본 성공인물

- 업적 살피기

- 인성 교양과 성공관계 살피기

- 토론하고, 적용하기
  반성, 다짐, 실천

[1] 성공 인물 관찰, 생생 합격이야기

고등학교 2학년 겨울에 저는 우연히 〈모리와 함께한 화요일〉이라는 책을 읽게 되었습니다. 이 책은 루게릭 병으로 죽음을 앞둔 노교수가 자신의 제자에게 들려주는 삶에 대한 이야기로 삶의 진정한 가치를 일깨워주는 모리 교수의 가르침을 담고 있습니다. TV 스크린을 통해 투병중인 은사의 모습을 본 저자 미치 앨봄이 스승과 재회를 하고 매주 화요일마다 불치병에 걸린 노교수는 세상에 대한 수업을 시작합니다. 마지막 화요일, 제자에게 마지막 가르침을 남긴 채 모리 교수는 세상을 떠납니다. 모리 교수가 제자에게 남긴 가르침은 세속적 성공이 아닌, 인간답게 사는 것이었습니다. 사랑하고 사랑받으며 인생을 즐기면서 행복하게 사는 것. 이것은 누구나 알고 있으면서도 행하지 못하고 있는 삶의 모습이지만, 이것이 바로 진실한 삶의 모습이라는 것을 일깨워주었습니다.

너무도 바쁘게 살아가는 각박한 현대 사회에서 현대인들은 자신의 시간과 여유가 부족하다는 이유만으로 인생의 의미를 되돌아보는 일들을 외면해 왔습니다. 저 역시 단순히 남들이 부러워하는 사회적인 성공을 꿈꾸며 살아왔고, '진실로 행복한 삶은 어떤 것일까.' 라는 생각은 그동안 하지 못했었습니다. 사회적인 성공이 제 삶을 풍요롭게 하는 데 도움을 줄 수는 있겠지만, 그 자체를 제 삶의 의미로 생각하는 것은 옳지 못한 태도라는 것을 깨닫게 된 것입니다.

저뿐만 아니라 현대인들은 행복을 위한 성공의 의미를 단순히 성공에서 오는 인생의 행복으로 착각하고, 엉뚱한 것을 좇는 생활에 지쳐 자신의 삶을 되돌아보는 일을 소홀히 하고 있는 것 같습니다. 이 책은 모리 교수의 가르침을 통해 나를 사랑해주는 사람들을 사랑하고, 나에게 의미와 목적을 주는 일을 창조하는 데 헌신하며, 진정한 삶을 살도록 삶의 자세를 재정립하게 해준 책이었습니다.

콕콕, 합격 포인트 찾기!

존경하는 사람에게 편지 쓰기 노트

존경하는 요인 중에는 내 마음을 움직인 요소가 있다.

 내가 존경하는 사람은 누구일까? 언제부터 어떤 계기로 무엇 때문에 그를 존경하게 되었는지 곰곰이 생각해 보자. 존경하는 요인 중에는 내 마음을 움직인 요소가 있을 것이다. 내 마음을 움직인 요소가 무엇인지 생각하며 그와 함께 소통, 공감하는 뜻으로 그에게 편지를 써보자.

1.1 존경하는 사람에게 편지 쓰기, 생생 합격이야기

 저는 고등학생 때까지도 여러 가지 이유로 의지가 약했습니다. 특히 고등학교에 입학했을 때는 학교생활에 대한 회의가 생기기 시작했습

니다. '내가 공부를 하는 이유는 무엇일까?', '공부는 꼭 해야 하는
것일까?' 하는 의문이 든 것입니다. 깊은 슬럼프에 빠져 허우적거리
기 시작했습니다. 그러던 어느 날, 도서관에서 우연히 〈노인과 바다〉
라는 책을 읽게 되었습니다. 주인공인 작고 나약한 샌티아고 할아버
지는 큰 다랑어를 잡기 위해 자기가 할 수 모든 일에 최선을 다합니
다. 마침내 큰 다랑어를 잡게 되었는데 배에 달고 온 다랑어는 다른
상어의 먹이가 되고, 결국은 뼈만 싣고 부두로 돌아옵니다. 하지만
샌티아고 할아버지는 자신과의 싸움에서 이겼고 늙고 병들고 연약하
지만 그의 마음속의 자신감은 또 다른 희열을 맛보게 해줍니다.

  깊은 슬럼프에서 제 삶을 건져 올린 것은 다름 아닌 〈노인과 바다〉
의 샌티아고 할아버지였습니다. 너무 자주 들어서 평범해지거나 아
니면 무감각하게 느껴질 수도 있는 책입니다. 하지만 저는 샌티아고

할아버지를 만나면서 새로운 눈을 떴습니다. 저는 중학교 때까지 선생님들께 지독하다는 말을 많이 들었습니다. 그때는 그 얘기가 너무 싫었지만, 지금 생각해 보면 중학교 때처럼 의지가 강했던 적은 없었던 것 같습니다. 저는 샌티아고 할아버지를 만나고 제 자신의 나태함에 대해 부끄러움이 느껴졌습니다. 세상은 넓고 거대해 언제 갑자기 거센 파도가 밀어닥칠지 모릅니다. 삶에 대해 회의나 하는 나약한 정신으로 험한 이 세상을 헤쳐 나갈 수 없을 뿐더러, 인생의 가장 큰 적인 나 자신도 이길 수 없을 것이라는 생각이 들었습니다.

그 이후로 저는 힘들 때마다 샌티아고 할아버지의 모습을 떠올리면서 현재의 작은 고통을 견뎌냅니다. 그렇게 해야만 미래의 밝음으로 나아갈 수 있다고 생각하며 더 높은 새로운 학문으로 정진할 수 있을 것입니다.

콕콕, 합격 포인트 찾기!

chapter 3

공동체 지수를 높여라!

공동운명체라는 말이 있다. 개인·집단의 관계에서 개인주의에 치우치게 되면 집단이 약해지고, 반대로 집단주의에 치우치게 되면 개인의 힘이 약해진다. 그래서 역사는 이 둘 간의 균형과 조화를 유지하는 것이 그 사회의 역량이라고 증언한다. 이 둘은 수레의 양 바퀴처럼 중심을 잡고 있을 때 흥성하고 어느 한쪽으로 치우쳐 중심을 잃을 때 쇠망한다는 것이다.

따라서 바람직한 공동운명체란 나와 집단, 집단과 내가 신뢰와 소통으로 하나 되는 힘을 말한다. 공동체 지수는 그러한 역량을 의미한다. 권리와 의무 역량 살피기, 개인과 사회의 소통 역량 살피기, 봉사 역량 살피기 등을 통해 공동체 지수를 높여 나가자.

권리와 의무 역량 노트

자신의 정보와 상대방의 정보를 잘 읽고 중용점을 찾아라.

일상을 살아가면서 우리는 많은 것을 주기도 하고 받기도 한다. 그 주고받은 게 물리적인 것이든 심경적인 것이든 어느 한쪽으로 기울게 되면 말썽이 생긴다. 안정된 관계를 지속하려면 중용적 태도가 비결이다. 그러면 그 중용의 기준은 무엇일까? 자신의 정보와 상대방의 정보를 잘 읽어야 그 중용점을 찾을 수 있다. 우선 일상생활에서 내가 받은 것은 무엇이며, 주는 것은 무엇인지 의식적으로 점검해 보자. 넘치는 부분과 부족한 부분을 생각해 보며 중용의 힘을 키우자.

1.1 권리와 의무 역량, 생생 합격이야기

고등학교 1학년 축제기간 중, 반 대항 합창대회가 있었습니다. 저는 반장으로서 급우들과 함께 어떤 곡을 선택할 것인지, 무슨 의상으로

- 권리(받는)요소 찾기

  가정, 학교, 사회

- 의무(주는)요소 찾기

- 균형(중용)요소 찾기

  가감, 비판, 대안

무대에 올라 설 것인지에 대해 상의했습니다. 온종일 구상하고 상의한 끝에 '휘파람' 이라는 북한 동요를 선택해 최선을 다해 연습했습니다.

담임선생님은 연습하는 모습을 지켜보면서 많은 격려를 아낌없이 해주셨고, 저희는 자신감을 가지게 되었습니다. 하지만 예선에서 두 팀이 선정되어 본선에 진출하는 것이었는데 저희 반은 최선의 노력에도 불구하고 예선탈락을 하게 되었습니다. 커다란 허탈감에 휩싸인 친구들은 서로를 위로하며 자리에서 일어나지 못하고 있었습니다. 그 순간 교감선생님께서 노력상 하나가 더 남았다고 하면서 저희 반을 부르셨고 저희 반 모든 학생은 감격스럽고 뿌듯한 마음으로 기쁨을 함께 나눌 수 있었습니다.

합창이라고 하는 것은 한 사람의 목소리가 아닌 전체의 목소리가 한 데 어우러져 울려 퍼지는 것입니다. 서로 마음을 합해 성취감을 느꼈을 때의 그 감동을 저는 아직도 잊을 수가 없습니다. 저 혼자만의 노력이 아니라 모두가 하나가 되어 이룬 값진 선물이었기에 소중한 기억으로 남게 된 것입니다. 이 일로 인해 저는 공동체 의식의 소중함을 깨닫게 되었습니다.

또한 그 후로 모든 학교 일을 급우들과 함께 상의하게 되었고, 서로를 존중해주는 마음가짐을 갖게 되었습니다. 그때 제가 갖춘 공동체 의식이 지금까지 생활해 오면서 많은 도움이 되었습니다. 앞으로 대학 생활과 사회생활을 하는 데도 많은 도움이 될 것이라고 생각합니다.

콕콕, 합격 포인트 찾기!

개인과 사회 소통 역량 노트

사람은 관계 속에서 성장하고, 관계 속에서 자기를 실현하며, 관계 속에서 행복을 얻는다.

개인주의가 발달하면서 자유의 가치가 과거보다는 많이 신장되었다. 그런데 그 자유가 자기편의적으로 해석되면서 관계의 단절로 이어지고 있다.

사람은 관계 속에서 성장하고 관계 속에서 자기를 실현하며, 관계 속에서 행복을 얻는다. 평소에 대인관계나 조직(집단)관계에서 나 중심, 너 중심, 우리 중심으로 나누었을 때 어느 쪽으로 치우쳐 있었는지 스스로 관계 역량을 점검해 보자.

1.1 개인과 사회 소통 역량, 생생 합격이야기

홈스테이 날. 우리는 캠프에 참가하지 않은 친구들과 소박한 여행을 기획하고 있었습니다. 미리 사전답사도 해놓고 계획도 이미 짜놓은

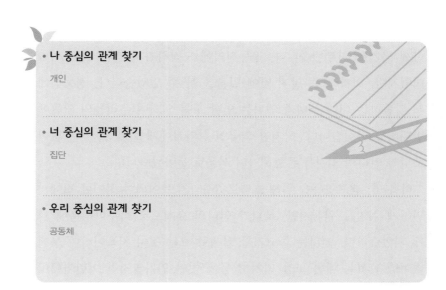

- **나 중심의 관계 찾기**
  개인

- **너 중심의 관계 찾기**
  집단

- **우리 중심의 관계 찾기**
  공동체

상태였습니다. 그런데 네팔에서 온 쏘니카라는 언니는 나를 만나자마자 바다에 가고 싶다는 의사를 밝혔습니다. 계획과 달라 순간 당황했지만, 친구들에게 양해를 구해 부랴부랴 행선지를 변경했습니다. 친구들과 정동진으로 가서 일출을 보고 그곳에서 조개구이도 먹기로 했습니다. 정동진으로 출발하기 전에는 서울 구경을 시켜주고 한국 음식을 대접했습니다.

　그런데 쏘니카 언니는 정말 까다로워 한국 음식은 손도 대지 않는 것이었습니다. 부모님은 그런 쏘니카 언니를 위해 네팔 레스토랑을 수소문해 제 친구들과 함께 데려가 주었습니다. 저는 인도에 봉사를 갔다 온 경험이 있어서 네팔 음식에 조금은 익숙했지만, 친구들은 네팔 음식이 처음이었던 터라 쏘니카 언니를 제외한 친구들은 음식을 제대로 먹지 못했습니다. 정동진으로 가는 기차 안에서도 카드게임을 함께 하자는 우리의 말에 쏘니카 언니는 여전히 노(No)를 외치며 함께 하기를 거부했습니다. 정동진역에 도착하자 시간은 벌써 새벽이었지만, 비가 오는 날씨 탓에 일출을 볼 수 없었습니다. 정동진에서 활동하는 내내 쏘니카 언니는 연발 노를 외치며 우리들의 활동에 반대하고 나섰습니다. 하지만 외국인 참가자에게 화를 낼 수는 없어 쏘니카 언니의 의견을 존중해가며 서울로 돌아왔습니다.

다음 날, 캠프활동을 위해 호텔로 3시까지 돌아와야 하기에 집에서 편하게 쉬기를 원했지만, 쏘니카 언니의 요청으로 아쿠아리움에 가게 되었습니다. 언니는 물고기를 실제로 보는 것이 처음이라며 무척 좋아했습니다. 매번 노를 외쳐 갈등을 빚던 언니였지만 어린아이처럼 좋아하는 것을 보자, 쌓였던 감정이 눈 녹듯 사라져 버렸습니다. 물개와 바다사자를 신기한 듯 바라보는 언니와 몇 가지 수중생물들을 더 관람했습니다.

대부분의 참가자들과 다르게 많은 일에 노를 외치던 쏘니카 언니는 제게 스트레스도 주었지만 한편으로는 타산지석이 되었습니다. 순간순간의 선택과 긍정, 부정이 주변에 어떤 영향을 끼치는지에 대해 실감나게 체험한 저에게 쏘니카 언니는 어쩌면 좋은 선생님이었는지도 모릅니다.

콕콕, 합격 포인트 찾기!

봉사활동 노트

봉사활동은 사회의 빈 곳을 찾아주는 훈련을 하는 데 있다.

입학사정관제가 도입되면서 봉사활동은 상당한 부담과 관심의 대상이 되고 있다. 하지만 정작 대다수의 교사나 학부모, 학생들은 아직도 대학입시에서 왜 봉사활동을 요구하는가에 대해서는 진지하게 고민하지 않는다.

봉사활동은 사회의 빈 곳을 찾아주는 훈련을 하는 데 있다. 받는 데에만 익숙해져 있으면 성장한 후에도 빈 곳을 찾지 못하게 된다. 그래서 나누고 싶어도 무엇을 나눌 것인지 어디에 줄 것인지를 발견하지 못한다. 대학 졸업 후 직업을 찾지 못하는 이유가 많겠지만 곰곰이 생각해 보면 많은 부분이 여기에서 연유한다.

따라서 봉사활동은 자기를 발견하고, 자기를 계발하며, 자기를 실현하는 데 중요한 지표가 된다. 아래의 단계에 맞추어 마음에 담긴 봉사를 실천해 보자.

1단계: 사전조사 계획하기

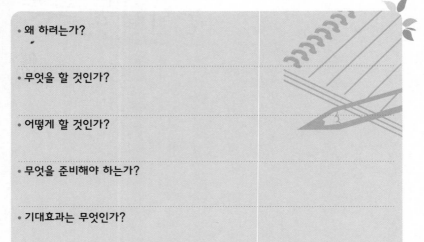

- 왜 하려는가?

- 무엇을 할 것인가?

- 어떻게 할 것인가?

- 무엇을 준비해야 하는가?

- 기대효과는 무엇인가?

2단계: 구체적인 활동하기

 봉사활동 사례

- ● ● **서울송곡여고** 〈학교와 봉사기관 협약〉

  인근지역 '서울시립북부노인병원'

  미술반, 음악반, 독서반 등

- ● ● **금옥여자고등학교** 〈토요일 봉사의 날〉

  소양교육, 영상교육

  종합사회복지관, 지역사회

  시설기관 연계

●●**주요 프로그램**　　노인복지, 재가복지, 장애인복지, 발마사지

　　　　　　　　　　수화교실, 환경보호, 문화재보호, 환경사랑체험

　　　　　　　　　　멘토(학습지도), 일손 돕기, 캠페인, 자선구호 등

3단계: 활동보고서 작성하기

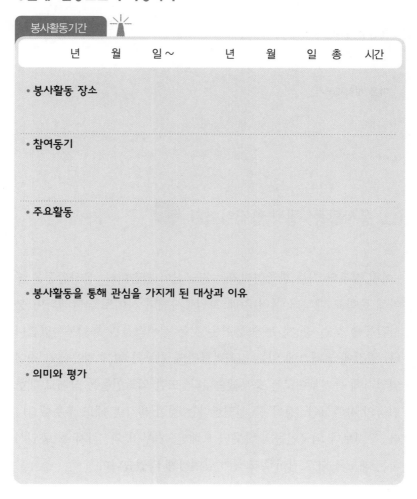

봉사활동기간								
년	월	일 ~		년	월	일	총	시간

• **봉사활동 장소**

• **참여동기**

• **주요활동**

• **봉사활동을 통해 관심을 가지게 된 대상과 이유**

• **의미와 평가**

4단계: 평가회의 및 다음 계획하기

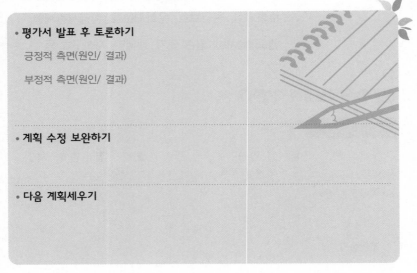

- 평가서 발표 후 토론하기

  긍정적 측면(원인/ 결과)

  부정적 측면(원인/ 결과)

- 계획 수정 보완하기

- 다음 계획세우기

봉사활동, 생생 합격이야기 ①

　어릴 적부터 저는 한국인이라는 자긍심이 컸습니다. 봉사활동을 좋아해 중학교 때부터 여러 차례 자원봉사센터 사이트를 탐색하며 봉사활동을 찾던 중 제 눈에 들어온 것은 김치박물관 통역봉사였습니다. 일전에 코엑스에 있는 김치박물관에 친구와 함께 방문했던 적이 있었기에 동기부여로는 충분했습니다. 또한 외국인들을 상대로 대한민국의 자존심인 ‘김치’를 설명한다는 것이 생각만 해도 뿌듯했습니다. 무엇보다 외국인들의 잘못된 오해인 ‘기무치’와 ‘김치’를 동일시하는 태도를 바로 잡아주고 싶어 참여하게 되었습니다.

수요일마다 통역봉사를 했는데 더 나은 통역을 위해 사전에 통역 대본도 준비했습니다. 대본을 쓰기 위해 봉사 날짜 이외에도 몇 차례나 박물관을 탐방하기도 했습니다.

그리고 외국인들에게 충분한 이해가 되도록 올바른 통역을 위해 김치관련 책자도 구입하고 웹사이트의 서핑 및 자료수집도 해 부족한 김치에 대한 지식을 넓혔습니다. 외국인들은 우리의 문화인 김치에 강한 호기심으로 내비치며 김치의 종류와 담그는 법 등에 대해 다양한 질문들을 했습니다.

김치의 종류는 생각보다 많았는데, 무려 200여 가지나 되었으며, 재료도 다양해 봉사활동을 하면서 저 또한 많은 것들을 배울 수 있었습니다. 비록 두 달밖에 안 되는 짧은 시간이었지만 저는 최선을 다했습니다. 저로 인해 한국의 김치에 대해 알아가는 외국인들도 좋아했지만, 저 또한 외국인들이 들려주는 이야기를 경청할 수 있어서 더 좋았습니다.

저는 김치박물관 통역봉사를 하기 전에는 외국인에 대한 두려움이 많았습니다. 그런데 김치박물관 통역봉사를 통해 자신감이 생겼고 책임감도 느꼈습니다. 또한, 김치와 기무치의 차이점을 깨닫고 김치를 칭찬하는 외국인들과 친밀감을 느끼게 되어 김치박물관 봉사활동 후에는 국제해외봉사도 갔다 올 수 있었습니다.

봉사를 하는 동안 어려움도 많았지만 보람도 컸습니다. 외국인들에게 일주일에 한 번씩 김치를 알리면서 다양한 나라의 문화를 체험할 수 있는 소중한 기회가 되었고 우리나라 문화에 대해 더욱 커다란 긍지를 가질 수 있었습니다.

🔲 봉사활동, 생생 합격이야기

　고등학교 2학년 여름방학 때 어머니께서 '가나안복지원'에서 봉사
활동을 하면 어떻겠냐고 권하셨습니다. 저는 방학기간이라 시간 여
유도 있고, 좋은 경험이 될 것 같아 봉사를 결심했습니다.

　'가나안복지원'은 초등학교 입학 전 어린 아이들이 생활하는 곳
입니다. 복지사가 부족한 탓에 복지사 한 명당 아이들 7~8명을 맡
고 있었습니다. 아직 어린 아이들이었으므로 인력은 턱없이 부족
해 보였습니다. 아이들 주변을 정리해 놓으면 5분도 지나지 않아
어질러지고, 다시 정리하면 또다시 어질러놓아 무척 힘이 들었습
니다. 어떤 날은 오후 한나절 동안 기저귀를 빨고 소독하느라 손등
이 빨개지기도 했으며, 어린 아이들에게 동화책을 읽어주느라 쩔
쩔매기도 했습니다.

　그러면서 저는 학교에서도 배우지 못한 나와 피 한 방울 섞이지 않
은 타인을 사랑하는 방법을 배워 나갔습니다. 처음엔 만지기도 싫었
던 기저귀가 아무렇지도 않아졌으며, 귀찮게 매달리던 아이들이 바

쁜 일 때문에 몇 주 안 보면 때로는 보고 싶어지기도 했습니다. 그러면서 이기적이고 귀찮은 것을 싫어했던 난데, 아이들을 그리워하고 보고 싶어 한다는 것은 상상도 할 수 없었는데, 이렇게 바뀌어 가는 제 자신이 정말 신기하고 놀라웠습니다.

워낙 인력이 부족한 탓에 복지사 선생님들도 너무나 힘들어 보였고 복지원 아이들도 많은 사람들에게 사랑을 받지 못하고 있는 것이 안타까웠습니다. 복지원에서 지내는 아이들을 보면서 제가 누리는 이 모든 혜택은 너무도 특별하고 넉넉한 것임을 깨달았습니다.

또한 봉사활동을 하면서 제 작은 정성이 어려운 이들에게 기쁨이 될 수 있음을 깨닫게 해준 것과, 항상 감사하는 마음을 갖게 해준 것은 큰 수확이었습니다.

그리고 타인과 또는 공동체와 함께 숨 쉬고 의사소통하는 방법을 잘 알지 못했던 저에게 타인을 이해하며 공동체생활에서도 원만하게 생활할 수 있는 능력을 길러준 것은 큰 기쁨이었습니다. 앞으로도 그 어떤 것에 비유할 수 없는 정신적 선물을 준 복지원 아이들과의 생활을 잊지 못할 것입니다.

콕콕, 합격 포인트 찾기!

2학년 여름방학 때 필리핀 오지마을로 봉사활동을 다녀온 적이 있습니다. 기간은 5일로 짧았지만, 제가 살아온 환경과 주변에 대해 다시 한 번 생각해 볼 수 있었던 기회였습니다.

필리핀 달락 지역의 오지에 살고 있는 사람들의 생활환경은 몹시 열악했습니다. 주거환경은 우리나라의 초가집보다도 형편없었고, 차량이 통행할 수 없을 만큼 길이 좁아 사람들은 걸어 다녔습니다. 대부분의 아이들은 입을 옷조차 없었고, 영양부족 상태로 나이보다 다들 덩치가 작아보였습니다. 아이들을 안았을 때는 너무 가벼워서 당황할 정도였답니다.

달락 지역은 산림지대이기 때문에 농사를 짓지 못해 늘 식량이 부족하다는 설명을 들었습니다. 우리 일행들은 음식 재료를 준비해서 아이들에게 맛있는 음식을 만들어주었습니다. 만든 음식을 함께 나누어 먹고 아이들과 여러 가지 재미있는 놀이도 했습니다.

염려가 된 것은 달락 지역이 생활환경이 깨끗하지 못하기 때문에 여러 질병에 걸릴 수 있다는 것입니다. 자연스럽게 보호가 필요하다는 생각이 들면서, 정부나 국제단체의 구호가 있기를 바라는 마음이 생겼습니다. 봉사활동을 하면서 그들에게 작지만 정성들여 만든 음식을 제공하면서 조금이나마 도움을 주고 있다는 생각에 힘든 줄도 몰랐습니다.

또한, 놀라운 것은 달락 지역 사람들의 생활모습이 낙관적이고 사람을 대하는 태도가 자연스러우며 호감을 준다는 것입니다. 환경은 부족한 것이 많지만 마음은 여유가 있었습니다. 아이들과 놀아주고 이야기를 하면서 우리들이 얼마나 많은 것들을 누리고 살아왔는지를 느낄 수 있었고, 부모님에게 감사하다는 마음이 뒤늦게 들었습니다.

이런 경험들을 살려 대학에 진학한 뒤에는 좀 더 시야를 넓히고 사회에서 봉사할 수 있는 분야의 일을 해야겠다고 생각했습니다.

콕콕, 합격 포인트 찾기!

chapter 4

실전경험 지수를 높여라!

　백 마디 말보다 한 번의 실천이 필요한 시대이다. 머리보다 직접 해 봐야 나의 역량을 알 수 있기 때문이다. '보다 쉽게, 보다 빨리, 보다 편리하게' 이것이 현대문명의 코드다. 쉽게 편하게 빨리 가려다 보면 잔꾀를 부리기 마련이다. 속임수는 오래가지 못한다. 진짜 실력이 아니기 때문이다. 입학사정관전형에서는 잔꾀가 통하지 않는다. 다양한 경험과 전문성 그리고 혜안을 가진 입학사정관이 직접 심층면담으로 꿈을 이루기 위해 땀 흘린 과정을 하나하나 심사하기 때문이다.

　무슨 일이든 시작과 과정, 결과가 있기 마련이다. 내 꿈을 이루기 위해 보다 어려운 길을 선택하고, 불편하고 힘들어도 도전과 모험을 즐기며, 서두르지 말고 그러나 쉬지 말고 꾸준히 한 발씩 걸어가자.

견학 노트

다양하고 많은 경험은 중요하다.
그러나 역량이 길러지지 않은 발품은 별 경력이 되지 않는다.

사람은 보는 만큼 알까? 아니면 아는 만큼 보일까? 상호적이지만 후자가 더 타당하다는 생각이 든다. 똑같은 박물관을 견학하더라도 초등학교 때, 중학교 때, 고등학교 때 성인이 되었을 때 보는 것은 다를 것이다. 또한 동일한 연령대라 하더라도 사람마다 다르게 보일 것이다. 이 이야기를 꺼내는 이유는 입학사정관제에서 비교과활동을 강조하다 보니 많이 경험하는 것이 유리하다는 편견 때문이다. 물론 다양하고 많은 경험은 중요하다. 그러나 그 학생의 역량이 길러지지 않은 발품은 별 경력이 되지 않는다.

따라서 '활동 전 사전계획'과 '자발적 준비' 그리고 '활동 후 평가'와 '다음 계획' 등 활동학습의 체계를 갖추어야 한다. 또한 어떤 비교과활동을 하더라도 자기의 꿈과 진로 그리고 전공과 연계된 관

점에서 바라보는 힘을 길러야 한다. 입학사정관은 이런 활동을 통해
변화된 부분을 평가하기 때문이다.

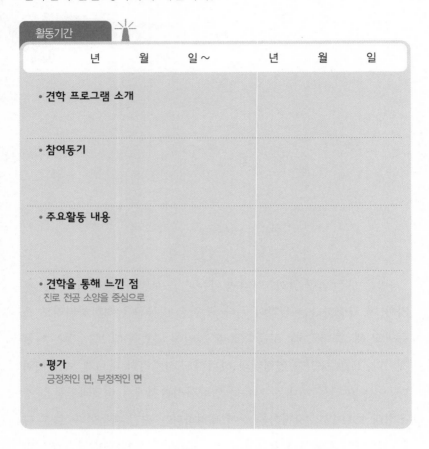

활동기간

년 월 일 ~	년 월 일
• 견학 프로그램 소개	
• 참여동기	
• 주요활동 내용	
• 견학을 통해 느낀 점 진로 전공 소양을 중심으로	
• 평가 긍정적인 면, 부정적인 면	

[.] 견학, 생생 합격이야기 ①

대부분의 일반 고등학교 학생들처럼 교외활동에 대한 정보가 없던
나에게 대학교에 다니던 오빠가 '모의 유엔'에 대한 정보를 알려주어

참가하게 되었다. 모의 유엔에 처음 참가하려니 긴장이 되어 많은 외국 사이트를 뒤지며 나의 담당국가인 '가나'에 대해 몇 날 며칠을 조사하며 준비했다.

이 행사는 참가자들이 1박 2일 동안 모의 유엔 회의를 직접 진행하는 것이다. 참가자들은 양복을 말끔히 입고 노트북을 가져와서 자신이 지금껏 조사한 자료들을 정리하면서 회의의 주제였던 '아이들의 노동'을 각국의 입장에서 풀어야 한다. 각국의 대표들처럼 각 나라의 국기를 앞 세우고 그 나라의 대표 입장에서 아이들의 노동문제를 조를 나누어 토론하는 것이다. 3개조로 나누어 자국에는 무슨 문제가 있으며, 어떤 식으로 해결방안을 취할 수 있는지에 대해 토론한다.

내가 맡은 '가나'라는 국가에 대해 며칠을 조사했지만 초콜릿 카카오 노동과 어업 노동밖에 찾지 못했다. 카카오 노동을 어린 아이들에게 시켜서 노동을 착취한다는 내용과 아이들의 손 크기가 작으니 어업 노동에 적합한 노동은 아이들밖에 할 수 없다는 내용이었다. 나는 정말 내가 가나의 대표처럼 생각하며 다른 개발도상국들과 힘을 모아 선진국에 요구를 했다. 하지만 선진국은 우리의 말을 듣지도 않았다. 많은 자료를 수집할 수 있는 선진국이 훨씬 유리했던 것이다.

가봉, 가나, 브라질 등 많은 작은 나라들이 힘을 합쳤지만 개발도상국들의 힘은 선진국에 비해 너무 미미했다. 우리는 우리 조의 해결안이 성공하지 못해 안타까웠다. 비록 모의 유엔이었고 청소년들이 진행하는 미숙한 자리였지만, 혹여 실제 유엔 회의에서도 개발도상국 같은 작은 나라는 무시 받고 소외되는 것이 아닐까 하는 생각이 들었다.

이후 조사를 하면서 알게 된 사실이지만 실제 회의에서도 강대국의 발언이 더 많은 영향을 끼친다고 한다. 앞으로 세계 전반적인 참여와 동등한 권리를 갖기 위해서는 미래의 주역이 될 각국 청소년들의 역할이 크다는 생각을 갖게 한 행사였다.

콕콕, 합격 포인트 찾기!

[1.] 견학, 생생 합격이야기 ②

저희 아버지는 대그룹 생산기술 연구소에서 연구원으로 근무하고 계십니다. 어려서부터 아버지가 맡은 업무에 대한 일 이야기를 들으면서 저는 자연스럽게 과학 기술에 관한 관심으로 훌륭한 공학도가 되고자 하는 꿈을 꾸게 되었습니다.

초등학교시절 과학반활동을 하면서 여러 곳의 과학관을 견학하고 여러 가지 과학행사에 참여하면서 점점 더 과학에 흥미를 느끼게 되었습니다.

고등학교 1학년 때, 방학과제로 아버지께서 일하고 계시는 연구실을 견학한 적이 있었습니다. 그곳에서 전자파 시험동, 생명공학 연구실 등을 견학했는데 정말 뉴스에서 보거나 상상만 하던 연구실 환경이나 조건에 놀라지 않을 수 없었습니다. 저도 미래에 이런 환경에서 연구나 실험을 해보고 싶다는 생각이 들었습니다. 그때 받았던 강한 견학체험을 보고서로 작성해 상을 받기도 했습니다.

언젠가, 우리나라와 일본, 미국, 중국 등의 전자산업분야의 경쟁을 소재로 한 프로그램을 본 적이 있습니다. 우리나라가 일본, 미국 등의 높은 기술력과 중국의 꾸준한 성장 사이에서 살아남기 위해서는 세계적인 기술을 필요로 한다는 내용의 프로그램이었습니다. 그 중에서 인상 깊었던 사실은 우리나라 기업들의 PDP, LCD 대형 TV가 일본의 소니 TV보다 높은 가격에 팔린다는 것이었습니다. 대형 TV를 만들 수 있다는 것은 그만큼 높은 기술을 가진 것을 의미하므로, 이는 정말 기술력이 이루어낸 쾌거라고 말할 수 있을 것 같습니다. 또 이런 것들을 개발해내는 연구원들의 인터뷰 장면도 방영되었는데, 몇 달 동안이나 가족과 시간을 함께 보내지 못했다고 합니다. 저도 공학도가 된다면 이런 연구원들처럼 뜨거운 열정으로 우리나라 기술 발전에 이바지할 것입니다.

콕콕, 합격 포인트 찾기!

캠프 노트

의도적으로 돌발상황을 만들어 그 적응능력을 키워나가는 것이 바로 캠프정신이다.

 식상한 캠프는 가라! 나만의 캠프를 구상하라! 획일화된 캠프 프로그램, 기계적인 진행, 수동적 참여, 그것은 캠프의 본래 정신이 아니다. 캠프의 생명은 리얼한 체험이다. 인생은 정답이 없다고 하지 않는가. 언제 어떠한 돌발상황이 벌어질지 아무도 예측하기 어렵다. 따라서 계획적이고 의도적으로 돌발상황을 만들어 그 적응능력을 키워나가는 것이 바로 캠프정신이다. 삼삼오오 그룹을 만들어 스스로 돌발상황을 구상해 실천해 보자.

🔲 캠프, 생생 합격이야기

 고등학교 재학 기간 중 가장 소중했던 경험은 농촌 봉사활동과 영어

캠프기간

년   월   일 ~   년   월   일

● **캠프 프로그램 소개**

● **참여동기**

● **주요활동 내용**

● **캠프를 통해 느낀 점**
진로 전공 소양을 중심으로

● **평가**
긍정적인 면, 부정적인 면

원어민 캠프활동이었습니다. 저는 농촌 봉사활동을 통해 지금까지 살면서 가장 큰 깨달음을 얻었다는 생각을 가지고 있습니다. 저는 초등학생 때부터 부모님을 따라 매년 농촌 봉사활동을 다녔습니다. 저에게 농촌 봉사활동은 또 다른 산 교육의 장소였습니다. 여름 땡볕에서 농부들과 같이 땀을 흘리며 잡풀 등을 고르는 일을 하면서 학교에서 배울 수 없었던, 노동을 통한 중요한 가치들을 배울 수 있었습니

다. 논매는 일을 끝낸 후 무언가를 해냈다는 성취감을 느낄 수 있었고, 새참을 먹으면서 진정한 노동의 기쁨을 느꼈습니다.

농촌 봉사활동은 입시 경쟁에 파묻혀 주위의 친구들조차 경쟁자로 바라보는 제 자신에게 협동정신과 공동체정신을 일깨워줌으로써 함께 살아가는 것의 의미에 대해서도 생각해 보게 했고, 제 자신을 입시 노예로 전락하는 것도 막아주었습니다. 또한 평소 무관심했던 농촌 문제를 직접 눈으로 보고 경험하면서 FTA로 인해 고충을 겪고 있는 농민들의 심정을 조금이나마 이해할 수 있었고, 농촌 문제에 대한 해결방안도 진지하게 생각하게 하는 계기가 되었습니다.

두 번째 저에게 소중한 경험은 영어 원어민 캠프활동이었습니다. 평소 영어에 관심이 많았던 저는 방학 기간을 이용해 대학에서 주최하는 영어 원어민 캠프에 참가했습니다. 그곳에서 다양한 생각을 지니고 있는 사람들과 접촉함으로써 세상을 바라보는 시야를 넓힐 수 있었으며, 직접 외국인들과 같이 생활하면서 그들 언어의 바탕인 문화에 대한 오해와 편견을 버리고 그것에 대해 상대적인 관점을 가질 수 있게 되었고 영어에 나타난 그들의 관습 또는 문화적인 표현에 대한 이해를 높일 수 있었습니다.

또한 그들과의 대화를 통해서 평소 역사적 문제로 인해 가지고 있었던 반감과 이질감을 해소할 수 있었으며, 외국인들의 눈으로 바라본 한국 사회의 문제점에 대해서도 들을 수 있어서 현재 우리가 가지고 있는 사회적 폐단에 대해 되돌아볼 수 있었습니다. 영어 캠프는 세계화라는 의미를 몸소 느끼게 해준 경험이었습니다.

캠프, 생생 합격이야기

　저는 초등학교 때부터 컴퓨터와 천문학에 대해 특별한 관심을 가지고 있었습니다. 초등학교 4학년 때는 과학이 좋아서 특활반으로 과학부를 선택했습니다. 과학부는 매주 여러 가지 과학 공구를 사용해 교과서에서 배우지 않는 내용인 회로도 꾸미기, 라디오 조립 등 여러 가지 실험을 합니다. 다양한 실험을 하면서 과학에 대한 저의 열정을 키워갈 수 있었습니다.

　여름방학 때 과학캠프에 참가해 각종 실험 (천체 관측, 로봇 조립, 물로켓 제작)을 했고, 과학 잡지인 〈과학 동아〉, 〈 Newton〉을 꾸준히 읽었습니다. 그 덕분에 다양한 지식을 쌓을 수 있었고 그 지식을 활용해 캠핑에서 두 번이나 우승을 했습니다. 천문학에도 관심이 있었던 저는 보현산 천문대에서 은하수를 관찰한 적이 있었는데, 저에게는 잊을 수 없는 추억이 되었습니다. 초등학교 5학년 때 전국에서 최초로 저희 학교에 광케이블 인터넷이 설치되었는데 저는 학교에 비치되어 있었던 컴퓨터 자재들을 활용해 컴퓨터에 대한 저의 지적 호기심을 충족시킬 수 있었습니다. 다소 내성적이고 조용했던 저는 말없는 그 기계의 무한한 능력과 끝없는 지식에 감탄하게 되었고 컴퓨터의 세계로 조금씩 빠지게 되었습니다.

중학교에 입학해서는 3년간 학교에서 주최한 과학실기대회에 빠짐없이 참가했습니다. 사석라디오조립대회, 고무동력비행기대회, 무동력비행기대회 등 저의 관심 분야에서 금상, 동상, 장려상을 수상했습니다. 컴퓨터에 관심이 많았던 저는 특활부도 컴퓨터부를 선택하게 되었고 성실하게 활동했습니다. 그 무렵 저의 큰아버지께서 컴퓨터 회사를 설립하셨고 주말이면 사무실에 놀러가 직접 컴퓨터를 조립해 보고, 고장 난 컴퓨터를 수리하기도 했습니다. 그동안 컴퓨터에 대한 지식을 이용하기만 했던 저는 컴퓨터의 외부와 내부를 살펴보고 다시 한 번 흥미를 느끼게 되었고 컴퓨터에 대한 저의 지식을 보다 폭넓게 넓혀갈 수 있었습니다. 중학교를 졸업하고 고등학교에 진학해 과학 분야(지구과학)를 더 깊이 공부했고 지금까지 교내과학경시대회에서 두 번 금상을 수상했고, 교외 과학경시대회에 네 번 참가해 동상, 장려상, 특기상을 수상했습니다.

저는 다소 내성적인 성격이나 저의 그런 성격이 오히려 전화위복이 되어 제가 좋아하는 컴퓨터와 과학에 대한 공부에 도움이 되었으며, 그런 특기를 살려 대학에서도 큰 발전을 할 수 있을 거라고 자부합니다.

콕콕, 합격 포인트 찾기!

강연 · 포럼 · 세미나 노트

입학사정관제의 핵심은 자기 주도적 학습태도이다.

　기존의 교육은 정리된 지식을 습득하고 숙달하는 데 초점을 두었다. 그러다 보니 자기 주도적으로 공부를 한다는 것이 무엇인지 체험할 기회조차 없었다. 입학사정관제의 핵심은 자기 주도적 학습태도이다. 여기서 자기 주도적이라는 의미는 사교육에 의존하지 않고 혼자서 공부하는 것을 뜻할까? 아니다. 지식을 대하는 태도를 말한다. 즉, 자기 주도적 학습이란 공부의 출발은 나의 꿈으로부터 시작하고 공부의 방법은 지식을 받아들일 때, 왜 그런가와 그 지식은 나의 꿈을 이루는 데 어떠한 연관성을 갖는가를 살피면서 하는 태도를 말한다.

　따라서 입학사정관제에서 학습 역량을 발휘하기 위해서는 기존의 학습습관을 과감하게 버려야 한다. 그 방법 가운데 하나가 강연, 포럼, 세미나 등에 참여하면서 자발적 공부형태를 경험해 보는 것이다.

그것이 익숙해지면 친구들끼리 스터디그룹을 만들어서 활동하고 자체 세미나를 개최하는 등 다양한 형태의 자기 주도적 학습 모형이 나올 수 있다.

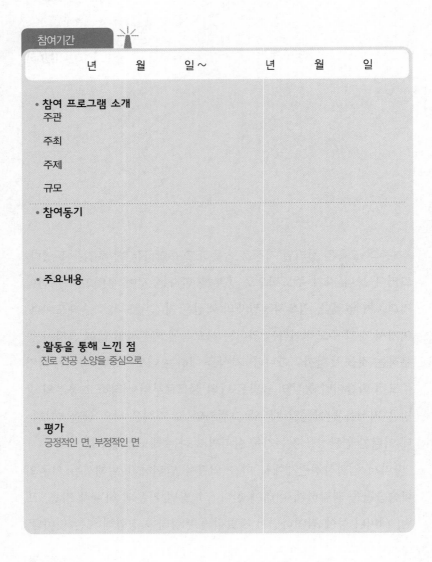

참여기간

년   월   일 ~   년   월   일

• **참여 프로그램 소개**
  주관

  주최

  주제

  규모

• **참여동기**

• **주요내용**

• **활동을 통해 느낀 점**
  진로 전공 소양을 중심으로

• **평가**
  긍정적인 면, 부정적인 면

강연·포럼·세미나, 생생 합격이야기

영웅 vs. 대중 누가 역사를 창조하는가?

→ 강연 전

언니가 대학생이라 이런저런 강연회를 찾다가 이 대안포럼을 찾게 되었다. 그런데 아쉽게도 다른 강연들은 벌써 끝났고 한두 개의 강연만 남아 있었다. 비록 대학생 대안포럼이었지만 나도 가볼 만할 것 같다며 언니가 같이 갈 것을 제안했다. 그래서 역사 파트 쪽의 남은 강연을 듣기로 했다.

격동과 변화가 난무하는 오늘날, 21세기에 이십 대는 88만원 세대라 불리며 불안 속에 살아가고 있다. 이 대안포럼은 이러한 패배주의를 반성하고 이 사회를 이끌어갈 젊은이들을 대상으로 토론하고 소통하는 자리였다. 내가 선택한 강연은 박준성 역사학연구소 연구원의 『영웅vs대중! 누가 역사를 창조하는가?』였다. 나는 역사 속에서는 영웅이 역사를 이끌어가는 것처럼 보이고 또 후대 사람들이 볼 때는 영웅만 부각되지만, 그 속에 의식 있는 대중이 없으면 영웅 또한 불가할 것이라는 생각을 했다. 그렇다고 어느 하나만 중요하다고 할 수는 없다는 생각을 하면서 강연을 들으러 갔다.

→ 강연 내용

박준성 강사는 처음에 잠에 대한 이야기로 강연을 시작했다. 강연 시간이 오후 1시 반이었기 때문에 점심 식사 후 많이 졸릴 시간이라면서 졸음이 와도 이해할 것이라며 잠에 대한 여러 이야기를 했다. 우선 일제시대 때 최초로 을밀대에서 고공농성을 하던 강주룡 여공의 사진을 보여주면서 이 을밀대 위에서의 의지 굳은 강주룡도 잠을 이기지 못했다고 했다. 그만큼 잠은 이기기 어려운 것이라는 이야기도 했다. 듣던 학생들은 다들 웃었다. 그러면서 그 여공을 시작으로 노동자의 역사에 대해 이야기했다. 박준성 강사는 역사를 바라보는 여러 가지 관점이 있지만 본인은 노동자를 중심으로 역사를 바라본다고 말했다.

특히 일제시대 때 민족해방운동의 시작을 노동운동으로 보았다. 강주룡은 그 당시 고공농성을 한 이유가 자신이 일하는 고무공장이 임금삭감을 하려고 하는데, 자신의 고무공장이 임금을 내리면 다른 공장들이 임금삭감을 하는 시작점이 될 것이므로 그렇게 반대를 하는 것이라고 했다. 비록 강주룡은 개인적인 이유에서 노동운동을 시작했지만 그것이 후에는 노동조합의 혁명적 노동운동으로 발전했고, 더 시간이 흐르면서 일제 자체를 대상으로 하는 민족해방운동으로 이어졌다는 것이다.

그 이후에도 계속 일제시대 이야기를 계속했다. 일제시대에는 친일파들이 많고, 또 후대 사람들은 그들을 비판하지만 실제로 우리가 식민지로 있었던 기간은 36년이나 되기 때문에, 실제로 처음부터 끝까지 해방의 희망을 갖기란 쉽지 않았다. 하지만 그렇다고 해서 우리가 친일을 합리화하고 그들을 이해할 수는 없다는 것이다. 결국 입장이 입장을 낳고 관점이 관점을 낳는다는 것이다. 우리가 그 시대를 이해하지만 진실을 말하지 않고 과거를 기억하지 못하면 그것은 진정한 역사가 아니라는 것이다.

노동자의 입장에서는 특별한 이념을 가진다거나 사명을 띠고 삶을 사는 경우는 많지 않다. 다만 자신들이 먹고 살기 위한 삶을 살 뿐이다. 그런데 그 먹고 사는 것이 힘들어질 때 투쟁을 하는 것이다. 그리고 그것이 노동자의 역사를 창조해 나가는 것이라고 했다. 그러면서 대중이 역사를 창조한다고만 볼 수도 없고, 영웅이 역사를 창조한다고만 볼 수도 없다고 했다. 강사는 우리에게 '대중' 혹은 '영웅' 중 누가 역사를 창조하는지 각자 생각해 보길 바란다며 강연을 마쳤다.

➜ 강연 후

강연을 듣고 나서 박준성 강사가 생각한 노동자의 입장에서 바라본 역사에 대해서 생각해 보았다. 일제시대의 노동자들이 노동운동으로 시작했던 것이 사회주의자들을 만나면서 민족 해방운동을 이끌게 되었다는 것은, 한국 근·현대사 교과서에서도 배웠기 때문에 알고 있었다. 하지만 그냥 하나의 과정이라고 생각했을 뿐, 그 당시 노동자들의 입장이라든가 노동운동의 배경은 자세히 생각해 보지 않았었다. 그런데 노동운동의 시작은 바로 먹고 사는 문제에 있었다. 즉 노동자들은 그 자신들이 먹고 사는 문제로 노동을 했는데 정작 자신은 먹고 살기 힘들어지고 지배층의 위치에 있는 이들을 먹이고 살리는 상황이 벌어지면서 생존을 위해서 싸울 수밖에 없었다.

이 노동자들을 중심으로 바라본 일제시대는 시간이 흘러 역사를 총체적인 관점에서 보았을 때, 대중의 입장으로서의 일제시대였다. 또 이러한 운동은 현대에 와서도 민주주의를 이루기 위한 여러 항쟁들로 이어졌다. 그들은 지배층의 입장이 아니라 대중의 입장에 있었다. 대중의 입장에 서서 사회를 변화시키기 위해 노력했던 것이다. 결국 우리가 역사를 볼 때 대중의 입장에서 보는 것도 중요하지만, 오직 대중의 입장에서만 역사를 바라보는 것은, 영웅의 입장에서만 역사를 바라보는 것과 다를 바 없이 편향된 시각을 갖게 할 수 있다. 분명 역사를 바라볼 때 여러 가지 측면을 살펴야 하는 것은 맞다. 하지만 시대나 상황에 따라서는 특정 입장의 의견도 중요하게 생각해볼 필요가 있다고 생각한다.

강사는 일제시대 친일파와 관련해 사람들의 역사의식과 희망의 중요성에 대해서도 이야기했다. 나는 일제시대 같은 상황에 있어서 희망은 우리의 올바른 역사의식으로 지켜나가야 한다고 생각한다. 우리가 믿는 우리의 역사의식은 절대 변하지 않는다. 그 변하지 않는 굳건한 역사의식을 갖는 것은 어렵다. 하지만 그러한 역사의식은 우리나라의 역사를 지탱해가는 과정이 되고 힘이 된다.

우리나라는 일제시대뿐만 아니라 여러 가지 역사적 사건들을 많이 겪어왔다. 하지만 과거의 역사는 시간에 따라 언제나 지나간다. 그 역사의 진정한 의미를 깨닫지 못하고 흘려보내면 그것은 반복되기 마련이다. 결국 나는 어떤 역사적 사건이든 역사는 그 자체로 드러나야 한다는 것을 깨달았다. 그리고 어디까지나 역사는 인간이 살아가는 데 귀감이 되는 것이 중요한 역할인 것 같다. 그런데 역사를 바라보는 관점에 있어서 각자의 관점에 따라 사람들이 받아들이는 의미가 다를 수 있다는 것 또한 느꼈다. 나름대로 여러 가지 역사적 사건을 받아들이는 사람들의 배경이나 상황이 다르기 때문이다. 강사는 입장이 다르면 결론이 다르다는 것을 이야기했다. 그래서 역사를 바라볼 때 객관적 인식을 가지고 생각을 시작해야 한다는 것을 중요하게 언급했다. 하지만 어떻게 그 객관적인 인식을 가질 수 있는지에 대해 의문이 들었다. 나도 아직은 그 객관적 인식이란 것을 갖고 있지는 않지만 역사를 공부할 때마다 항상 새롭다는 생각을 한다. 강연을 듣고 나서 비판적으로 받아들일 수 있는 능력도 아직은 부족하다. 단순하게 강연 내용을 그 자체로 이해하는 것조차 어려운 부분이 있기 때문이다.

　물론 내가 아직 역사 공부를 시작한 지 얼마 되지 않았고, 더 많은 공부를 해야 한다는 것을 느낀다. 여러 가지 사건들을 여러 입장에서 연구해야 한다는 것은 꼭 역사적 사건뿐만 아니라 일상생활에서도 꼭 필요한 자세라고 생각한다.

콕콕, 합격 포인트 찾기!

강연 · 포럼 · 세미나, 생생 합격이야기

　저는 고등학교 때 동아리에 가입하면서 추억에도 남을 수 있고 공부에도 도움이 되는 동아리를 선택하고 싶었습니다. 그렇게 심사숙고해서 택한 것이 바로 화학동아리인 'CHEMY'였습니다. 학기 초에는 동아리활동에 대해 모르는 것도 많았고, 새로운 학교생활에 적응해야 하는 시기였기 때문에 많은 활동은 하지 못했습니다. 그러다 특별활동시간에 실험도구와 약품을 정리하면서 조금씩 활동에 참여하게 되었으며, 실제로 많은 화학약품을 접하면서 신기함을 느끼게 되었습니다.

2학기 때부터 선생님과 함께 교과서에 실려 있는 흥미있는 실험이나 이해가 안 되는 부분을 찾아 한 달에 한 번씩 실험을 하게 되었습니다. 그중 가장 기억에 남아 있는 실험은 10원짜리를 100원짜리로 만드는 실험이었습니다. 진짜로 바꾸는 것이 아니라 환원반응을 통해 색만 변화시키는 실험이었습니다. 이런 신기한 실험들을 축제 때 학교친구들 앞에서 선보여 인기를 얻기도 했습니다. 2학년 여름방학 때는 동아리 친구들과 함께 충북대학교에서 열린 과학캠프에 참가하게 되었습니다. 전국 각지에서 온 친구들과 과학 분야에 대한 일정을 짜서 학습하는 캠프였습니다. 학교에서는 실험환경 조건이 되지 않아 할 수 없었던 달걀껍질을 이용한 수소폭탄, 드라이아이스를 이용한 아이스크림 등의 실험들을 새로운 친구들과 해보면서 친구들과 더욱 친해지게 되었고, 생소한 과학 용어들도 알게 되었습니다.

제 기억 속에 자리 잡은 고등학교 때의 화학 동아리활동은 저에게 많은 도전과제를 주기도 했지만, 직접 실험을 통해 해결해 나갈 수 있는 능력을 주었습니다. 그 결과 어렵게만 느껴졌던 과학이 흥미와 재미로 다가오게 되었습니다.

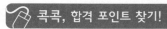

콕콕, 합격 포인트 찾기!

전시회 참관 노트

체험활동은 무엇보다도 자기만의 눈으로 세상을 바라보는 힘을 기를 수 있다.

　왜 입학사정관전형에서는 체험활동을 중요시할까? 여러 가지 이유가 있겠지만 체험활동은 무엇보다도 자기만의 눈으로 세상을 바라보는 힘을 기를 수 있다고 판단되기 때문이다.

　기존의 교과지식활동은 자기 생각을 가미하는 것에 대해서 관대하지 않았다. 그러나 현장체험학습은 똑같은 자동차 전시회를 참관하더라도 현장에서 느껴지는 다양한 요소를 오감을 통해 자신의 관심 영역의 관점에서 재해석하고 적용하는 묘미가 있다. 즉, 같은 자동차를 보고도 자기 관심 진로에 따라서 정치적 입장, 경제적 입장, 사회문화적 입장, 자연과학적 입장, 환경적 입장, 예술적 입장 등 모두 다른 시각으로 바라볼 수 있다는 것이다. 전시회 관람을 통해 관심 분야에 대한 나만의 새로운 눈을 갖도록 하자.

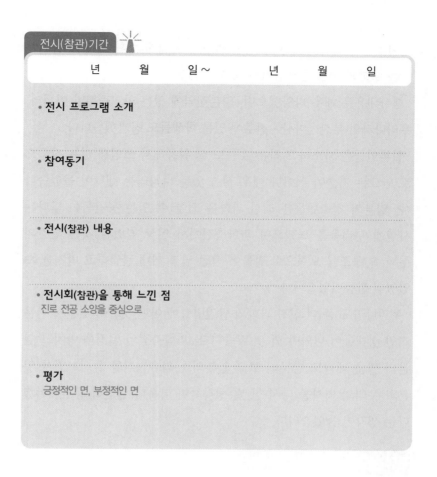

전시(참관)기간

년   월   일 ~   년   월   일

• 전시 프로그램 소개

• 참여동기

• 전시(참관) 내용

• 전시회(참관)을 통해 느낀 점
진로 전공 소양을 중심으로

• 평가
긍정적인 면, 부정적인 면

Ⅰ.Ⅰ 전시회 참관, 생생 합격이야기

　일본 동경에서 열리는 과학 제전인 동경과학축전에 다녀왔습니다. 동경과학축전의 전반부와 후반부를 참여하면서 그동안 제가 알지 못했던 새로운 세계에 눈을 뜨는 것 같은 가슴 뿌듯함으로 뜨거웠던 시간이었습니다. 한편으로는 최신 과학이 폭넓게 생활 속으로 들어와 있는 일본의 생활이 부럽기도 했습니다.

행사내용은 매우 다양했으며, 일본전역에 있는 학교들뿐만 아니라, 우리나라의 부산·마산·진주에 있는 학생들도 참가했습니다.

일본인들은 사소하고 작은 것들도 잘 활용해서 쓰임새 있는 작품으로 만드는 기술이 뛰어나 매우 실속 있는 나라라는 생각이 들었습니다. 일본의 청소년들은 최신 과학을 접할 수 있는 공간들이 많다는 사실에 부러움을 느꼈으며 과학축전에서 인상 깊었던 것은 인간의 두뇌 속 구조를 모형으로 만들어 직접 뇌를 꺼내 관찰하고 만져볼 수 있었던 활동이었습니다.

우리나라도 좀 더 선진 과학의 발전방향에 어떤 것들이 있는지 전문적인 정책들이 나와야 할 것 같습니다. 과학축전의 일정을 마치고 일본의 명문 대학도 방문해 보고 일본의 문화유적지를 둘러보면서 일본과 우리의 역사를 다시 한 번 생각하며 더욱더 열심히 공부해야겠다는 생각이 들었습니다.

콕콕, 합격 포인트 찾기!

여행 노트

살아온 이야기가 풍부할수록 입학사정관은 관심을 보인다.

입학사정관전형의 중요한 요소 가운데 하나는 나만의 이야기꾼이 되라는 것이다. 자기가 살아온 이야기가 풍부할수록 입학사정관은 그 지원자에 관심을 보이기 마련이다. 여행은 나만의 이야기를 만들 수 있는 모티브를 제공한다. 그래서 여행은 마음을 비우고 가볍게 떠나는 게 좋다. 하얀 도화지처럼 텅 빈 마음으로 세상을 만나며 나만의 이야기를 그려보자.

🔲 여행, 생생 합격이야기

저는 어떤 위기상황에서도 냉철함과 침착성을 잃지 않으려 노력합니다. 중학교 과정이 끝나고 고등학교에 입학하기 전, 저는 친구들과

여행 기간

년   월   일 ~   년   월   일

• 여행 종류 및 행선지 소개

• 여행동기

• 주요내용

• 여행을 통해 느낀 점

• 평가
  긍정적인 면, 부정적인 면

1박2일 예정으로 '소매물도'로 여행을 떠난 적이 있습니다. 경상남도
통영시에 있는 소매물도는 쿠크다스섬으로 알려지기도 한 빼어난 절
경을 자랑하는 아름다운 곳입니다. 지리를 잘 몰라 세 시간 동안이나
헤맨 끝에 섬에 도착할 수 있었습니다. 우리들은 기진맥진했고 민박
을 하려 했지만 숙박비가 너무 비쌌습니다. 가진 돈을 모두 모아도
숙박비로는 턱없이 부족했습니다. 난감해진 우리는 해변을 걸으며
대책을 강구했습니다. 그러던 중 우리 눈에 들어온 것은 모래를 채취

하는 현장사무소였습니다. 마지막 배는 끊겼고, 잘 곳은 없고 그곳은 우리에게 희망의 안식처로 느껴졌습니다. 그곳 관계자 분께는 죄송한 일이었지만 아무도 없는 빈 사무실에서 투숙을 하기로 결심했습니다. 그런데 친구들은 그런 곳에서 숙박을 한다는 게 안심이 되지 않는 모양이었습니다. 저는 친구들에게 상황을 설명하고 안심을 시켜 그 밤을 보내고 여행을 무사히 마친 적이 있습니다. 지금 생각하면 무모한 일이지만 당시 우리의 안전을 위해서 그 방법은 최선의 선택이었습니다.

 저는 제가 문제를 냉철하게 판단하는 능력과 위기상황에서도 침착하게 대처하는 능력을 지녔다는 것을 소매물도 여행을 통해서 깨달았습니다. 여행은 이처럼 사람을 강하게 만드는 요소도 가지고 있어서 매력적입니다. 이후 일상생활을 하면서 어떤 위기가 닥쳐와도 이를 슬기롭게 대처해 전화위복의 기회로 삼을 수 있다는 자심감이 생겼습니다. 또한 이러한 자세는 원만한 인간관계를 형성하는 원동력이 될 수 있다고 생각합니다.

콕콕, 합격 포인트 찾기!

답사 노트

답사는 철저한 준비학습이 필요하다.

    여행이 텅 빈 마음으로 떠나는 체험활동이라면, 답사는 분명한 목적의식을 가지고 떠나는 딱딱하고 건조한 여행이다. 따라서 답사는 철저한 준비학습이 필요하다. 주제와 학습목표 그리고 기대효과 등을 체계적으로 검토한 다음 시행해야 한다.

💡 답사, 생생 합격이야기

역사답사 (군산편)

➜ 떠나기 전

고등학교 때 국사와 한국 근·현대사를 배웠던 선생님께 역사에 큰

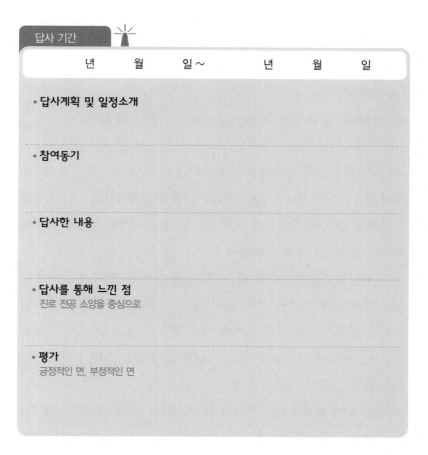

답사 기간

| 년 | 월 | 일 ~ | 년 | 월 | 일 |

- **답사계획 및 일정소개**

- **참여동기**

- **답사한 내용**

- **답사를 통해 느낀 점**
  진로 전공 소양을 중심으로

- **평가**
  긍정적인 면, 부정적인 면

관심을 가지고 있다는 것을 말씀드리자, 전라북도에 있는 군산에 다
녀오는 게 어떻겠냐는 추천을 받았다. 군산은 일제시대 때 군산항으
로서 우리나라의 쌀을 공출해 나가던 곳이라고 한다. 또 일본식 가옥
인 장옥이 많이 남아 있다고 하셨다. 그래서 나도 그곳에서 한국근대
사에 대해 더 공부해 보고 싶다는 생각을 했다. 선생님께서 군산에
가기 전에 〈매혹의 질주, 근대의 횡단〉이라는 책을 읽어볼 것을 권유
하셨다. 그래서 책을 먼저 읽으며 일제시대 때 일본인들이 우리나라

에서 자행한 수탈과정을 미리 살펴보았다.

➡ 군산에서
★ 센트럴시티 고속터미널 → 군산 고속터미널 → 진포해양 테마공원

  나는 일찍 출발해 군산의 모든 유적지를 다 보고 오겠다는 욕심으로 새벽 버스를 타야겠다고 마음먹었다. 그래서 새벽 5시에 일어나 일치 감치 서둘렀다. 일기예보에 비가 온다고 해서 걱정을 했는데 다행히 출발할 때에는 비가 오지 않았다.

  6시 45분발 고속버스를 탔다. 아침 일찍 일어나서인지 피곤해서 버스 안에서는 계속 잠을 잤다. 한 시간쯤 뒤 휴게소에 도착했지만 나는 너무 졸린 나머지 그때도 계속 잠만 잤다. 그리고 또 1시간 반쯤을 달린 뒤, 드디어 군산 고속버스터미널에 도착했다. 그때가 한 9시 반쯤 되었던 것 같다.

  군산은 근대 문화유산이 비교적 잘 보존되어 있는 곳이었다. 왜냐하면 일제시대 때 군산항으로 번성했지만, 해방 이후 국가차원의 토지 발전을 시행할 때 다른 도시들과는 달리 개발 대상으로서 주목을 받지 못했기 때문이다. 그래서인지 일제시대 때 조계지역으로 쓰였던 군산항 곳곳에 일본식 가옥이 남아 있었다.

  처음에는 어느 한 지역에 일본식 가옥이 몰려 있을 것이라고 생각했다. 하지만 고속터미널에서 내려 진포해양 테마공원까지 걸어가는데도 조금 오래되었다 싶은 집은 대부분 일본식 가옥인 장옥이었다. 완전하지는 않지만 장옥의 형태를 변형시킨 집들이었다. 진포해양 테

마공원으로 가는 내내 거리는 황량하고 바다냄새가 났다. 분명 평일인데 너무 조용한 도시는 시간이 멈춰버린 듯한 분위기였다. 해망로에서 마주친 사람들은 열 명 남짓했다. 그래서 진포해양 테마공원으로 가는 길을 물어볼 사람도 없어서 헤맬 지경이었다. 더운 햇빛 아래였지만 바다내음에 취해 가다 보니 드디어 진포해양 테마공원에 도착했다.

진포해양 테마공원 역시 사람들은 별로 없었다. 놀러온 듯한 가족 몇 식구, 공원을 청소하는 몇몇 청소부들뿐이었다. 공원은 일제시대 때 군산항이었던 곳으로 일제시대 때 실제로 쓰인 여러 헬기가 전시되어 있었다. 마침 그곳에 문화해설사 분이 계셨다. 문희철 문화유산 해설사는 진포해양 테마공원에 대해서 자세하게 알려주셨다. 그리고 군산 근대문화유산 지역에서 어떤 순서로 보는 것이 효율적인지 알려주셨다.

진포해양 테마공원에는 '부잔교' 라고 일제시대 때 우리나라 쌀을 공출해 나가던 다리가 있다. 군산항은 다른 항구보다도 조석간만의 차가 크다. 그래서 일본인들이 고안해낸 것이 바로 부잔교이다. 부잔교의 기능은 밀물 때는 물이 차 있으므로 부잔교가 네 개의 추에 의해 위로 뜨고, 썰물 때는 갯벌이 들어나므로 다리가 내려간다. 즉, 밀물 썰물에 관계없이 쌀을 운반할 수 있도록 만든 다리인 것이다. 이러한 원리를 설명으로 듣고 나니 일본인들의 우리나라 수탈에 대한 정책이 얼마나 치밀했는지 알 수 있었다.

군산항에서 일본으로 공출해간 쌀의 양은 우리나라 전체 생산량 중 무려 53.4%나 되었다고 한다. 얼마나 많은 쌀을 군산항에서 공출해 나갔는지 알 수 있는 양이다. 일제시대 때에는 부잔교가 여섯 개였다는데, 지금은 세 개가 소실되고 세 개만 남아 있다.

문화유산 해설사께서 부잔교의 바다 나무판자는 아마존에서 가져온 나무라고 하셨다. 그 나무를 5년간 찌고 말리고를 반복해 부잔교 바닥으로 썼다는 것이다. 일제는 그만큼 부잔교가 오래 쓰일 수 있도록 건축한 것이다. 우리나라를 그만큼 오래 지배할 수 있을 것이라고 생각했던 모양이다. 지금은 군산내항에서 실제로 운영되는 배는 몇 척되지 않는다고 한다. 우리나라의 아픈 역사가 부잔교에 100년 가까이 묻혀 있다고 생각하니 가슴이 턱 막혀왔다. 부잔교는 일제시대부터 거의 원형으로 보존되어 있는 상태였다. 금강을 끼고 위치해 있는 군산내항은 일제의 수탈을 한 번에 느낄 수 있는 유적지였다.

문화유산 해설사는 내가 진포해양 테마공원을 떠날 때 금강에 대한 이야기를 잠깐 해주셨다. 금강, 그리고 군산은 일제시대 때뿐만 아니라, 오래 전부터 왜구가 쳐들어오던 곳이기도 했다는 이야기를 해주셨다. 그만큼 군산은 예전부터 침략의 요새였던 곳이었다.

★ 진포해양 테마공원 → 구 조선은행, 백년광장, 나가사키(장기)18은행

진포해양 테마공원을 다 둘러보고 구 조선은행과 나가사키18은행을 향해 발걸음을 옮겼다. 군산의 또 다른 특징은 지금은 쓰이지 않는 철도가 많이 남아 있는 점이다. 군산은 바다와 접해 있는 동시에 호남지방, 즉 곡창지대를 접하고 있는 도시다. 그래서 일제는 군산에

수탈을 목적으로 한 철도를 많이 건설했다. 지금은 풀이 무성하게 자라 운치가 있어 사진작가들의 명소가 되었다. 먼저 '나가사키18은행'을 관람했다. 지금은 사용하지 않는 건물이라고 한다. 비교적 잘 보존되어 있었지만, 그냥 모르고 지나친다면 문화유적지라고 생각할 수 없을 정도로 관리가 안 되어 있었다. 단지 예전 나가사키18은행이라는 작은 표지판이 있을 뿐이었다.

여기서 좀 더 걸으면 '백년광장'이 나오고 그 옆에 큰 나무로 둘러싸인 '구 조선은행'이 있다. 조선은행과 나가사키18은행은 일제시대 때 우리나라 국민들의 토지를 강탈하고 미곡을 수출하는 것을 관리하던 대표적인 금융기관이라고 한다. 특히 조선은행은 채만식의 '탁류'에 등장하기도 하는데, 지붕 바로 밑에 조그마한 창문이 지붕을 둘러싸고 있었다.

일제시대 때 일본인들은 이 조선은행에서 조선인들을 초대해 차도 마신다고 홍보했지만, 일제시대 때에 그곳에서 차를 마셨다는 조선인은 단 한 명도 없었다고 한다. 그 창문은 오직 조선인들을 24시간 감시하기 위한 용도로만 사용되었던 것이다. 구 조선은행은 해방 이후 개인사업자에게 넘어가서 유흥업소로 쓰이다가 10년 전 화재로 많이 훼손되어 있는 상태이다. 지금은 군산시에서 구 조선은행을 복원한다는 현수막이 걸려 있었다.

★ 구 조선은행 → 구 군산세관

구 조선은행을 다 둘러보고 '구 군산세관'으로 이동했다. 구 군산세관 앞에는 군산시립박물관을 세우기 위해 공사가 한창이었다. 군산세관은 불과 1993년까지 쓰이던 건물이어서 그런지 원형 그대로 보존되어 있었다. 안에는 일제시대 때 군산세관이 했던 일에 대한 사진들, 그리고 그 당시 여러 유적지의 사진들이 전시되어 있었다. 그곳에도 문화유산 해설사가 계셔서 자세한 설명을 들을 수 있어서 좋았다.

세관의 정문은 출입이 안 되고 측면에 있는 문만 사용하고 있었는데, 들어서자마자 눈에 들어오는 것이 실제 세관장이 근무를 했을 때 사용했던 책상과 제복들이 전시되어 있었다. 내부는 굉장히 아담하고 깔끔하게 꾸며져 있었다. 조금 안쪽으로 들어서면 응접실 같이 넓은 방이 나오는데, 그곳은 실제 세관 업무를 하던 곳이라고 한다. 그 방은 넓은 창문이 나 있고, 그 앞으로 정문과 맞닿은 복도가 있었다. 창문을 통해서만 여러 가지 민원을 해결한다고 한다. 그 당시 일본인들은 그들의 업무를 조선인들에게 보이지 않게 하기 위해 그런 구조를 취했다는 것이다. 그리고 넓은 응접실 같은 곳에서는 밤마다 일본인들을 위한 파티가 열렸다고 한다. 세관에서 파티를 했다는 말에 어이가 없었다. 조선인들은 굶어죽고 민원도 해결하지 못한 채 살고 있었을 텐데, 일본인들은 파티나 하고 있었을 것이라는 생각이 떠올랐기 때문이다.

문화유산 해설사 분은 세관에서 이루어졌던 여러 가지 업무나 상황들을 설명해주신 뒤 중요한 얘기를 덧붙이셨다. 우리나라는 불과 100년 전만 해도 일본인들에게 이런 수모를 겪고 아픔을 겪었는데, 요즘 젊은이들은 도대체 일본에 대한 인식이 부족하다는 것이었다. 맹목적으로 일본문화를 좋아하고, 비판의식도 없이 무조건 그 문화를 수용해 안타깝다는 것이었다.

　우리나라와 일본과의 긍정적인 관계형성도 중요하지만, 우리의 역사의식과 안보의식이 뒷받침되지 않으면 소용없는 일이라고도 말씀하셨다. 나도 맞는 말이라고 생각했다. 요즘 점점 세계화가 되어가는 추세라지만, 그것은 우리 것을 잘 알고 보존할 줄 아는 사람이 할 수 있는 일이라고 생각한다. 막연한 기대감이라든가, 맹목적인 국수주의나 배타주의는 우리 스스로에게나 세계적으로나 바람직하지 못한 자세라고 생각했다.

★ 구 군산세관 → 이성당 빵집

　구 군산세관에서 해설사 분이 '이성당 빵집'을 추천해주셔서 그곳도 들르게 되었다. 점심시간 때라 근처에서 점심식사를 하고 이성당 빵집으로 갔다. 이성당 빵집은 우리나라 최초의 빵집으로 일제시대 때는 일본인이 운영하다가 해방 이후에 한국인이 맡아서 지금까지 2대째 이어져 오고 있다고 한다. 이성당 빵집에는 직접 만든 팥빵과 쌀로 만든 빵들이 많이 있었다.

　우리나라 빵집의 단팥 빵 중 50%가 이 이성당 빵집에서 만들어진다고 한다. 서울에서도 그렇게 큰 빵집은 없는데, 이성당 빵집을 보니 세월이 흘러도 인기를 유지해온 모습을 알 수 있었다. 단팥빵을 먹어보고 싶었는데, 금방 다 팔려서 먹을 수가 없었다. 그래서 아쉽지만 쌀로 만든 패스트리와 아이스크림만 먹고 나왔다.

'동국사'는 우리나라에 단 하나밖에 없는 일본식 절이다. 일제시대 때 일본인들이 우리나라 땅에 일본인들을 이주시키면서 했던 것 중의 하나가 일본의 문화를 전파하는 일이었다고 한다. 그 중에서도 일본 불교를 우리나라에 들여오게 하는 것이었다.

　동국사는 예전에는 금강사라고 불리다가 1913년 동국사로 불리게 되었다. 동국사 대웅전은 우리나라 절보다 작고 정갈한 모습이었다. 우리나라 절은 기둥이 원통형인데, 일본식 절은 기둥이 네모나다는 말을 들은 적이 있었는데, 실제로 보니 그랬다.

　절의 전체적인 색깔도 남색 계열로 깔끔하다는 인상을 받았다. 절 내부 또한 여느 절과는 다르게 아담하고 깔끔하게 정돈되어 있었다. 사람들은 없었지만 동국사 그 자체로도 무언가 꽉 차 있는 것 같은 느낌이 들었다. 돌아가는 길에는 동국사 스님께서 따뜻하게 배웅해주셔서 마지막 코스였던 동국사를 기분 좋게 관람하고 나올 수 있었다.

➡ 다녀온 후

　서울로 돌아오는 버스 안에서 나는 군산으로 떠날 때처럼 계속 잠이 쏟아졌다. 답사를 계획할 때 빽빽한 일정으로 짜기도 했지만 역시 당일 답사는 너무 무리한 일정이었다. 날씨도 더웠지만 한꺼번에 모든 것을 다 보기에는 체력적으로도 힘들었다. 가기 전에는 군산에 있는 모든 유적지를 다 보겠노라고 다짐을 했는데, 유적지 간의 이동거리가 너무 넓어 힘들었다. 특히 이영춘가옥이나 구 시마타니 금고, 채

만식 문학관 같은 경우는 군산시에서 정해 놓은 근대 문화유산 거리에 포함되어 있지 않아서 조금 멀리 있었다. 가기 전에 인터넷 블로그 등에서 다른 블로거들이 군산을 하루 만에 둘러보는 것은 무리가 있다고 한 것을 읽은 기억이 있는데 맞는 말이었다. 어느 지역인들 하루 만에 다 둘러볼 수 있겠느냐마는 군산은 문화유산이 다른 곳보다 더 잘 보존되어 있는 곳이기 때문에 더 꼼꼼히 둘러봐야 할 것 같다는 생각이 들었다.

예전부터 역사책을 여러 권 읽으면서 꼭 실제 역사적 장소를 답사해 보고 싶은 마음이 있었는데, 시간이 마땅치 않거나 어떻게 답사를 해야 하는지 망설여져서 답사를 가지 못했었다. 하지만 이젠 시간 나는 대로 답사여행을 다녀야겠다. 이번 기회에 군산을 다녀오면서 실제 역사적 현장을 보는 것은 책과는 또 다른 의미를 가져다준다는 것을 알았다. 그곳을 직접 방문하고 둘러보는 것은 살아있는 역사를 공부하는 것이기 때문이다.

군산이 예전에는 쌀을 공출해 나가는 역사의 아픔을 겪었는데, 지금은 미국산 쌀을 들여오는 항구로 쓰이려고 한다는 기사를 읽은 적이 있다. 군산항은 여러 가지로 많은 아픔을 겪고 있다. 그런데 그렇게 예전이나 지금이나 역사가 이루어지는 장소인데도 역사적 건물들이 방치되어 있는 것이 안타까웠다.

하루 빨리 군산이 역사, 문화적 보존지역으로 많은 지원을 받았으면 좋겠다는 생각이 들었다. 또한 군산 시민들도 자신들의 고향, 거주지가 역사적 장소임을 인식하고 더 굳은 역사의식으로 유적지에 관심을 가지고 지켜나가야 한다. 다른 유적지들은 어느 한 지역이나 건물

등이 문화유산이었지만 군산은 군산시 자체가 근대 문화유적지이기 때문에 더 가치가 있다. 남아 있는 가옥 하나하나가, 건물 하나하나가 우리가 지키고 기억해야 할 근대의 유산인 것이다.

아픈 역사이지만 그 아픈 역사까지 지고 가야 하는 것이 진정한 우리나라의 발전이라고 생각한다. 그리고 대학생이 되면 날짜를 넉넉히 잡아 다시 한 번 군산 답사를 해야겠다는 생각을 했다.

콕콕, 합격 포인트 찾기!

대회참가 노트

대회참가의 동기와 목적이 분명해야 한다.

입학사정관전형 준비에서 빠지지 않는 것이 대회참가다. 그런데 무작정 대회에 많이 참가했다거나 시상을 받았다고 해서 좋은 점수를 얻는 것은 아니다. 대회참가의 동기와 목적이 분명해야 한다. 입학사정관은 대회참가를 통해서 지원자의 관심 분야에 대한 도전의식과 성취의지 그리고 그 과정에서 형성된 소양을 평가하기 때문이다.

따라서 자기 진로 전공 소양에 맞는 대회를 엄선해서 공신력 있는 대회에 참여하도록 하자.

1.1 대회참가, 생생 합격이야기 ①

원래 저는 남들 앞에서 말하는 것을 두려워했습니다. 학생회장 선거 연설을 할 때 말을 못한다는 비난을 듣기도 하면서 점점 더 말하는 것

년 월 일 ~	년 월 일

· 참여대회 프로그램 소개

· 참여동기

· 준비내용

· 대회결과
평가방법
시상내역

· 대회를 통해 느낀 점
진로 전공 소양을 중심으로

· 평가
긍정적인 면, 부정적인 면

을 두려워하게 되었습니다. 하지만 학생회장으로 선출되어 여러 사람 앞에 많이 서야 했고, 사회생활을 하면서 이런 소극적인 태도는 고치는 것이 좋을 것이라는 생각에 용기를 내 토론대회에 참가하게 되었습니다.

제가 신청한 분야는 통일부의 주제인 『우리의 대북 노선은 강경인가, 완화인가?』였습니다. 먼저 1차 테스트인 3분 스피치의 원고를 준비해 계속 연습했습니다. 토론대회 당일 날 어느 대학의 교수님과 여러 청소년단체 임원들이 심사한다는 말을 듣고 더욱 떨렸지만 차분한 마음으로 제가 준비한 내용을 다시 정리했습니다. 저는 연습한 대로 적당한 모션을 취하고 목소리의 강약을 조절하며 또박또박 제 의견을 전달하려고 애썼습니다.

운이 좋게도, 1차 스피치 테스트를 통과해 2차 탁상토론에 참가할 수 있는 기회를 얻었습니다. 쟁쟁한 친구들이 올라온 2차 토론에서는 강경팀과 온화팀으로 나누어 사회자가 던지는 쟁점에 대해 주장하고 근거를 대는 형식으로 진행했습니다. 별다른 회의 없이 같은 팀이지만, 나의 의견과는 조금 다른 주장을 지지해야 하는 점이 아쉽기도 했습니다. 약 4시간에 걸친 토론에서 결과적으로 저는 입상에 실패했습니다. 저는 제 자신에게 무척 실망스러웠습니다. 수상을 하지 못해서가 아니라, 토론 참여에 있어서 너무 소극적인 자세를 취했다는 것 때문입니다. 하지만 처음 토론대회 참여에서 최종 단계까지 올라왔다는 사실로 만족했습니다.

이전에는 토론이나 스피치에 참가한다는 것을 상상조차 할 수 없었기 때문입니다. 저는 이 대회를 통해 여러 사람들 앞에서 말을 하는 것에 대한 두려움을 없앨 수 있었고 자신감 또한 생겼습니다. 또한 리더십 연수 때는 국회의원들의 이야기를 듣고 리더의 자질에 대한 생각을 다시 해볼 수 있는 기회를 가졌습니다.

📷 대회참가, 생생 합격이야기 ②

매사에 분석적이며 치밀한 성격이 저의 장점입니다. 중학교 때 교육청에서 주최한 모형항공기대회에 참가한 적이 있습니다. 대회 출전에 앞서 저는 연습용으로 고무동력기를 제작했습니다. 그러나 연습용으로 만든 것이 잘 날아가지 않아 고민하게 되었습니다. 저는 지식도 쌓을 겸 인터넷과 참고서적을 찾아 비행기의 양력에 대해 조사했습니다. 조사 결과 비행기가 뜨는 원리는 중력보다 큰 양력과, 항력보다 큰 추진력을 만들어냄으로써 가능하다는 것과 양력은 비행기의 날개를 통해 얻게 된다는 것을 알게 되었습니다. 또한, 학교 과학 선생님의 도움을 받아 고무동력기가 잘 뜨기 위한 방법과 무게 등에 대해 연구했습니다. 우선 저는 고무동력기의 무게를 최소화하기 위해 제작과정에서 불필요한 부분들을 없애고, 실을 사용해 고정시키면서 가볍게 만들었습니다. 그리고 양력원리에 맞춰 날개 제작에 신경을 썼습니다. 나무댓살에 라이터를 사용해 댓살의 형태를 구부리면서 바람을 잘 탈 수 있도록 만들었습니다. 또한 추진력을 위해 고무동력기에 사용하는 고무줄을 강화했습니다. 질기고 튼튼하고 긴 고무줄을 사용해 중심막대에 고정시켜 고무줄을 많이 감을 수 있도록 했습니다. 이 대회에 출전하기 위해 저는 약 50여 대의 고무동력기를 제작했고, 친구들 사이에서 고무동력기 박사라는 별명을 얻게 되었습니다. 이런 노력 끝에 저는 비행기를 하늘에 장시간 날리는 데 성공했고, 그 결과 대회에 출전해 장려상을 수상했습니다. 이 대회를 통해 저는 하고자 하는 일에 깊이 몰두하는 제 자신의 장점을 발견하게 되었습니다.

저의 또 다른 장점은 꾸준함입니다. 한번 하기로 마음먹은 것은 끝까지 포기하지 않고 도전합니다. 도중에 예상치 못한 난관을 만난 적도 있지만 그럴 때마다 다른 방법을 찾아보기도 하고, 반성의 시간을 갖기도 하면서 제가 하고자 하는 것을 제 힘으로 해결하려고 노력합니다. 시행착오의 과정은 학업에서뿐만 아니라, 저의 인생의 모든 과정에서 일어날 수 있는 일이며, 그것을 원만하게 해결하는 훈련은 저의 미래에 많은 도움이 될 것이라고 생각합니다. 이러한 꾸준함은 분석적이며 치밀한 저의 성격과 연결되어 학업에서나 교우관계에 있어서 많은 도움이 되었습니다. 대학에 진학해서 학과 공부에 정진할 때도 이러한 저의 장점이 잘 발휘될 거라고 생각합니다.

하지만 저는 자기주장이 다소 강하다는 단점을 갖고 있습니다. 학급회의 발표시간에 교실 좌석 배치를 어떻게 할 것인지에 대해 토론한 적이 있었는데, 제 의사를 표현하는 과정에서 타인과의 의견 충돌을 일으키게 되었습니다. 그 상황에서 제 의견을 어떻게 설득력 있게 표현하고, 타인의 의견을 객관적으로 받아들여야 하는지 생각해 보게 되었습니다. 그리고 제 주장만을 고집할 경우 타인에게 불편을 줄 수 있다는 것을 깨닫게 되었습니다. 또한 명확한 의사 표현이 장점이 될 수도 있으나, 다른 사람의 생각을 존중하는 것 역시 중요하다는 것을 깨달았습니다. 그래서 저는 카메라 동호회활동을 통해 이러한 단점을 고치려고 노력하고 있습니다. 야외 촬영을 나갈 때 촬영 장소를 정하는 일이나 작품 전시회를 할 때 다른 회원들과의 의견 조율을 위해 저의 주장보다는 다른 사람들의 의견에 귀를 기울였고, 또 학급회의 발표시간에도 먼저 말하기보다는 다른 사람의 의견을 많이 들어보고 학급 전체를 위해서 가장 좋은 것이 무엇인지 생각해 보는 연습을 했습니다.

콕콕, 합격 포인트 찾기!

대회참가, 생생 합격이야기 ③

고등학교 2학년 때 교육청이 주최하는 역사와 문화유산에 대한 과학탐구토론대회에 참가한 적이 있습니다. 『사찰건물을 관찰, 탐구하여 건물과 사찰 조형물에 담긴 과학적인 특성 찾아보기』라는 주제를 처음 들었을 때 매우 막막하다고 느꼈습니다. 인터넷과 사전에 나와 있는 자료만으로는 부족하다고 느끼게 되었고, 미리 계획을 세워 담당 선생님과 '용문사'라는 절에 다녀왔습니다.

사찰건물을 보고 제일 먼저 생각났던 것은 단청과 종소리의 울림이었습니다. 그러나 누구나 흔히 찾아볼 수 있는 과학적인 면인 것 같아서 좀 더 창의적이고 독창적인 것을 찾아보게 되었습니다. 그때 제 시야에 기왓장을 올리고 있는 모습이 들어왔고, 그 순간 '저것이다'라는 생각이 들어 사진을 찍은 후 기와 한 장을 가져왔습니다. 그때부터 기와가 가지고 있는 과학적인 면모를 찾기 위해 자료를 수집하고, 그 결과 성공적으로 파워 포인트로 정리하게 되었습니다. 실수를 줄이기 위해 친구들 앞에서 미리 발표 해보고, 예상문제와 고무찰흙으로 만든 간단한 모형도 준비했습니다.

대회가 시작되었고, 저는 첫 번째로 발표하게 되었습니다. 다소 떨렸지만 한 달간의 연습과 노력을 통해 침착하게 잘 해낼 수 있었습니다. 그 결과 저희 학교는 동상을 받게 되었습니다. 모든 발표가 끝나고 참가자들끼리 토론 시간이 주어졌을 때 우리는 서로 이해가 안 됐던 부분을 질문하면서 더욱 친해지게 되었습니다.

이번 대회를 통해서 주변에 있는 것들을 좀 더 과학적으로 생각하고 세심하게 관심을 갖게 되었으며, 과학 분야에 대해 좀 더 지식을 넓혀가고 싶다는 욕심이 생기게 되었습니다.

콕콕, 합격 포인트 찾기!

동아리활동 노트

학생들의 왕성한 동아리활동들이 모여서 고유의 색깔을 만든다.

입학사정관제에서 학교생활기록부의 비중은 날로 커질 수밖에 없다. 새 제도의 도입취지가 공교육의 정상화에 있기 때문이다. 문제는 그 공간에 무엇을 어떻게 채울 것인가 하는 것이다.

각 대학에서는 학교생활의 충실도를 강조한다. 그러나 기존의 수능 체제에 익숙해져 있는 대다수의 일선학교에서는 학교생활의 충실도라는 개념이 쉽게 다가오지 않는다.

이제 고등학교도 입학사정관체제로 전환해야 한다. 우리 학교만의 고유의 색깔을 만들어내야 한다. 그 고유의 특성을 살리는 기본전제는 동아리활동의 활성화다. 학생들의 왕성한 활동들이 모여서 고유의 색깔을 만들기 때문이다.

⊙ 동아리 활성화 지도법

1단계: 관심 분야별 스터디그룹 결성(1인 1동아리 참여)

2단계: 1년 단위의 활동계획

3단계: 분야별 멘토링 교사 선정

4단계: 동아리활동과 교과지식 연계활동

5단계: 동아리활동과 진로전공 연계활동

6단계: 사전계획, 활동, 활동보고서 작성, 평가회의 및 다음계획

⊙ 동아리활동 사례

1) 체험활동

학교 간 자매결연 활동 / 문화체험 / 홈 스테이 / 국토순례 / 병영체험 / 지역사회와 알뜰시장

2) 창의적 재량활동

● ● 전주 상산고 〈양서 읽기 프로그램〉

1년 50권 읽기, 2년 50권 읽기, 절반은 고전 읽기, 전교사 함께 읽고 토론

● ● 한가람고등학교 〈선택과목 다양화 프로그램〉

영상미술, 투기, 스포츠댄스, 합창연주, 판화 등

● ● 수리고등학교 〈문학과목 특성화 프로그램〉

논리학, 문장론, 현대문학, 토론, 논술, 문예창작, 사고력 훈련

● ● 분당 영덕여자고등학교 〈외국어과정 특성화 프로그램〉

영어로 하는 수업, 영어원서 읽기 독서반, 영어 회화반, 영자 신문반
CNN 청취반, 토익 텝스 준비반

● ● 서울 진명여고 〈진로교육 프로그램〉

매년 2회 '진로의 날' 개최, 1학기-희망 직업인과의 만남,
2학기-희망학과 선배들과의 만남, 학부모, 학교 동문, 교사지인

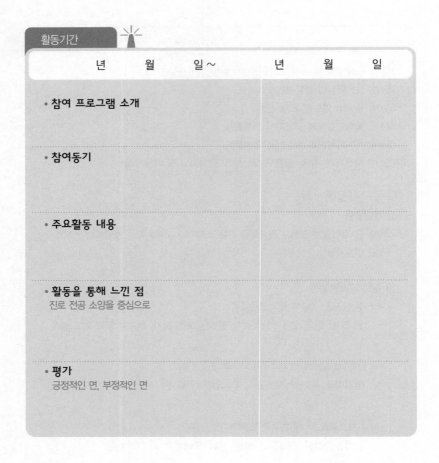

년 월 일 ~	년 월 일
• 참여 프로그램 소개	
• 참여동기	
• 주요활동 내용	
• 활동을 통해 느낀 점 진로 전공 소양을 중심으로	
• 평가 긍정적인 면, 부정적인 면	

📋 동아리활동, 생생 합격이야기

저는 초등학교 6년, 중학교 3년, 고등학교 2년 동안 수많은 동아리활동을 해왔습니다. 그중에서도 저의 성격형성과 전공 선택에 가장 많은 영향을 미친 활동은 고등학교 때 2년 동안 했던 화학부활동입니다.

고등학생이 되어 처음으로 클럽활동을 선택할 때, 저희 학교에 화학부가 있다는 것을 알게 되었습니다. 단순히 실험복을 입어보고 싶다는 생각으로 화학부에 들어갔지만, 화학부활동은 제가 기대했던 것 이상이었습니다. 학교 수업시간에는 진도 때문에 많이 접하지 못했던 다양한 실험과 탐구활동, 사진으로 이해하던 것들을 화학부에서는 직접 실험해 보고, 이해하고 느낄 수 있었습니다. 1학년 때의 특별활동으로 인해 화학에 좀 더 많은 관심을 가지게 되었고, 2학년 때에는 자연스럽게 자연계열을 선택하게 되었습니다.

　클럽활동 중 가장 기억에 남는 경험은 2년 동안의 축제였습니다. 1학년 때에는 축제준비를 통해 선배들과의 관계를 돈독히 할 수 있었고, 2학년 때에는 제가 속해 있는 조를 이끌어가면서 협동심과 리더십을 갖추게 되었습니다. 실험이라는 것은 항상 성공만 하는 것이 아니라 실패도 할 수 있기 때문에 인내심도 기를 수 있는 좋은 기회가 되었습니다. 학교 축제날에는 화학부를 방문하는 여러 손님들께 저희 조의 실험내용과 과정, 원리 등을 하나하나 설명해 드렸고, 저희 조는 많은 칭찬을 받았습니다. 예전에는 다소 낯을 가리는 성격이었지만 화학부활동을 하면서 좀 더 적극적이고 활동적인 사람으로 변해갔습니다. 뿐만 아니라 실험 내용들을 온전한 제 지식으로 만들어가게 되었고, 새로운 실험을 할 때에는 무언가에 도전한다는 것이 얼마나 값진 일인가를 다시 한 번 깨닫게 되었습니다.

콕콕, 합격 포인트 찾기!

🔲 동아리활동, 생생 합격이야기 ②

　저는 고등학교 때 3년 동안 방송반 활동을 해왔습니다. 처음에는 열정 하나만 있으면 될 것이라는 생각에 방송반 오디션을 보게 되었고, 합격하면서 다른 사람들이 경험할 수 없는 소중한 경험들을 했습니다. 힘든 일도 많았습니다. 방송 기자재 지원이 제대로 이루어지지 않아 오래된 기계로 방송을 해야 했으며, 선배들이 생각하기에 제 실력이 부족하다고 판단되면 다른 방송부원에게 제 역할을 빼앗기기도 했습니다. 정오방송 때 음악이 끊긴다거나 발음에 실수가 있을 때에는 선배에게 호되게 혼나기도 하고, 혼자 눈물을 흘린 적도 많았습니다.

　그래서 저는 저의 문제점을 조금씩 고쳐나가기 시작했습니다. 편안한 분위기를 연출하기 위해 목소리 톤을 바꾸었고, 불분명한 발음을 고치기 위해 발음 연습에 많은 노력을 기울였습니다. 이러한 저의 노력으로 하나씩 문제점들이 고쳐지게 되었고, 자신감도 생기게 되었습니다. 그 결과 포스코 교육재단 연합 발표회에서 사회자로 발탁되었고, 제 능력을 시험해볼 수 있는 좋은 기회라고 생각한 저는 밤늦도록 연습했습니다. 집에 늦게 들어가는 날이 잦았지만 틈틈이 대본을 보며 발표회에 대한 생각을 놓지 않았습니다. 발표회 날, 포스코 교육재단의 모든 선생님들과 재단 이사장님, 포항제철 회장님까지 공연을 관람하게 되셨고, 발표회가 끝난 후 이사장님과 회장님께서는 사회자를 만나고 싶어 하셨습니다. 그래서 잠깐 뵐 수 있었는데 그 자리에서 저는 그분들로부터 칭찬과 격려의 말씀을 들었습니다. 그리고 1년 뒤에 있을 발표회에서도 사회를 맡아주었으면 좋겠다고 하셔서, 1년 뒤 저는 사회자로서의 능력을 다시 한 번 인정받게 되었습니다.

 그 후, 저는 매사에 자신감을 가지게 되었고, 노력하는 자는 반드시 꿈을 이룰 수 있다는 것을 확신하게 되었습니다. 노력이라는 것은 다른 사람으로부터 신뢰를 얻을 수 있다는 것을 경험한 저는 제 자신이 한층 성숙하게 변화된 것을 느낄 수 있었습니다. 앞으로도 항상 노력하는 자세로 대학에 입학해 학업에 전념할 것이며, 이러한 자세를 바탕으로 제 목표를 이룰 때까지 계속해서 성실하게 나아갈 것입니다.

콕콕, 합격 포인트 찾기!

chapter 5

지적 호기심 지수를 높여라!

왜 대학에 가려는가? 대학은 학문하는 곳이다. 학문이란, 學問이라는 글씨에서도 알 수 있듯이 문(나의 인식범위) 밖에서 일어나는 일들에 대해 궁금증을 가지고, 그것을 풀어보고자 관심 있는 사람들이 모여서 저마다의 자기 생각을 교환하면서 체계적인 답을 찾아가는 행위다.

꿈을 이루기 위해서는 자기 관심 분야만큼은 확실하게 알아야 한다. 내가 아는 기준으로 판단하고, 내가 아는 범위에서 선택하며, 내가 아는 만큼 일을 할 수 있기 때문이다. 따라서 관심 분야에 대한 지적호기심은 자기 실현을 위한 출발점이다. '논문 읽기, 전문잡지 읽기, 실험하기, 논문 쓰기' 등을 통해 관심 분야에 대한 지적호기심을 키우자.

논문 · 잡지 읽기 노트

논문 읽기의 목적은 학문의 틀을 익히는 데 있다.

논문 읽기의 첫 번째 목적은 학문의 틀을 익히는 데 있다. 논문은 학술적 체계를 갖춘 글이기 때문이다. 두 번째는 논문을 잘 쓰기 위함이다. 잘 읽어야 잘 쓸 수 있다. 세 번째는 관심 분야의 지적호기심을 충족시켜줄 수 있기 때문이다.

﹖ 논문 · 잡지 읽기, 생생 합격이야기

저는 중고등학교 때 과학에 관심이 많아 과학 동아리에서 활동했습니다. 고교시절 과학 동아리활동은 저에게 큰 영향을 주었습니다. 학교축제나 학교대표 과학 대제전에 나갈 때마다 처음 보는 실험도구들

• 논문 제목 읽기	관심 분야가 정확하게 전달되는가?
	연구주제가 좁고 구체적인가?
• 서론 읽기	연구목적이 명확하게 드러났는가?
	논문의 전체 흐름이 읽어지는가?
• 본론 읽기	무엇을 문제 삼고 있는가?
	왜 문제 삼고 있는가?
	그래서 어떤 주장을 하고 있는가?
	그 주장에 대한 근거는 타당한가?
	논리에 일관성은 있는가?
• 결론 읽기	서론, 본론의 내용과 조화되는가?
	서론에서 제기한 문제를 명확하게 해결했는가?
	논문의 연구 가치는 있는가?
• 참고문헌 읽기	선행연구 자료를 충분히 검토했는가?
	지식은 창조적으로 재구성하여 사용하고 있는가?

과 재료들을 사용해볼 수 있었고, 과학에 대한 새로운 지식뿐만 아니
라 다른 누구보다 더 깊은 내용의 실험을 할 수 있어서 일종의 과학
을 사랑하고 발전시켜 나가야 한다는 의무감이 생겼습니다. 특히 과

학에 대해 심취할수록 생명에 대한 외경감과 인간의 생명을 위해 과학이 올바르게 사용되어야 한다는 생각이 가슴을 파고들었습니다.

결국 저는 더 욕심을 내어 2학년 때 과학부 전체를 이끄는 부장이 되었고, 후배들을 이끌고 학교 대표로 인천 경기지역 과학센터에서 운영하는 과학 체험학습장에 참가했습니다. 그곳에서 초·중고생을 대상으로 표면장력에 관한 실험을 쉽게 설명하는 과학실험 발표를 했습니다. 이 실험을 실행했을 때 어린 아이들이 쉽게 이해하는 모습을 보고 뿌듯했습니다. 또 교육과학연구원에서 실시한 일요과학 프로그램 진행에도 참가해 여러 화학 실험들을 시연해 보여주고 학생들이 과학실험에 흥미를 느끼도록 했습니다. 이러한 활동을 하면서 저는 과학활동에 더욱 애착을 느끼게 되었습니다.

이러한 방식으로 과학활동을 하다 보니 자연스레 과학 교과목에도 관심을 가지게 되었습니다. 특히 생물과목에 흥미를 느끼게 되었고 교과서에서도 나오지 않는 깊은 내용을 알고 싶어 생물학 대학교재를 용돈을 모아 사서 볼 정도로 생물학에 푹 빠져 있었습니다. 생물뿐만 아니라 화학과 물리에도 재미를 느꼈는데, 고등학교 3학년 때 학교에서 생물·화학·물리 II 과목을 의무적으로 모두 배우게 된 덕분에 모든 과학과목을 통합적으로 이해할 수 있게 되었습니다. 또 〈과학 동아〉를 정기적으로 구독해 교과서 외의 과학소식들을 접하게 되었습니다.

이러한 제 나름의 학습방식으로 교외에서의 적극적 활동뿐만 아니라, 교내에서 실시한 교내과학경시대회에서 생물부문 금상을 수상하기도 했고, 교내 발명품 아이디어 공모전에서도 동상을 받았습니다. 이러한 경험을 통해 호기심이 많아진 과학 분야의 학습을 ○○○대학교에서 계속한다면 세계로 도약할 수 있는 과학도가 될 것입니다.

콕콕, 합격 포인트 찾기!

📃 논문·잡지 읽기, 생생 합격이야기

저는 고등학교 1학년 때 학과 이외의 과학서적에 대단한 흥미를 느끼며 일종의 지적 성취감을 느꼈습니다. 스티븐 호킹의 〈시간의 역사〉와 아인슈타인의 〈상대성 이론〉이었습니다. 평소 과학 월간지를 접하며 느끼는 우주의 블랙홀은 놀라운 신비로움이었습니다. 모든 것이 빨려 들어가면 빛도 통과할 수 없는 블랙홀, 근육마비라는 희귀병에도 불구하고 세계적 권위를 갖고 있는 스티븐 호킹의 명석함은, 학과와는 또 다른 대단한 지적 흥미를 느끼게 해주었습니다. 아인슈타인의 〈상대성 이론〉에 대한 책을 읽고 쓴 독후감으로 교내 과학 독후감대회에서 우수상을 수상한 후 저는 더욱더 성취감을 느꼈습니다.

지리시간에 예습한 내용을 발표하는 수행평가를 한 적이 있었습니다. 원래 칭찬을 잘 하지 않는 선생님인데 제 발표가 끝난 후 칭찬을 해주셨습니다. 근엄하기만 하던 선생님께서 해주신 칭찬이, 발표만으로도 뿌듯함을 느꼈던 저에게 굉장한 성취감으로 다가왔습니다. "공부는 고단위의 놀이다."라는 제 어머니의 말씀이 떠올랐습니다.

… (중략) …

콕콕, 합격 포인트 찾기!

실험 · 관찰 노트

탐구활동은 현상을 과학적으로 관찰하는 태도가 중요하다.

실험탐구활동은 현상을 과학적으로 관찰하는 태도가 중요하다. 자연현상에 대해 일반적인 사람들이 지나쳐 버리는 것에서도 왜 그런지 의문의 눈으로 관찰해 보고 면밀히 파고드는 습관이 필요하다. 흥미 있는 분야에 대해서 탐구한 다음 아래의 워크지 형식에 맞추어 정리하고 발표 · 토론하면서 과학자로서의 역량을 키우자.

⑴ 실험 · 관찰, 생생 합격이야기

저는 고등학교 1학년 때 과학영재교육원 화학 분야에 소속되어 일년 동안 『가우시안 뷰어 (Gaussian View)를 이용한 분자 오비탈의 관찰』이라는 프로젝트를 수행했습니다. 저를 포함한 일곱 명의 친구들

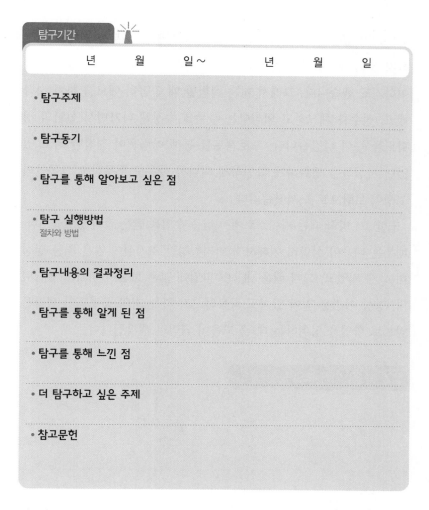

년   월   일~   년   월   일

- 탐구주제

- 탐구동기

- 탐구를 통해 알아보고 싶은 점

- 탐구 실행방법
  절차와 방법

- 탐구내용의 결과정리

- 탐구를 통해 알게 된 점

- 탐구를 통해 느낀 점

- 더 탐구하고 싶은 주제

- 참고문헌

과 서로 의논하면서 가설을 세우고 다양한 실험을 하면서 협동심과 창의성의 중요성을 깨닫게 되었습니다. 또한 자신의 의견을 논리적으로 설명해 상대를 설득하는 능력을 터득하게 되었고, 저의 얕은 지식을 좀 더 폭넓게 만들고자 하는 욕심도 가지게 되었습니다.

저희가 수행했던 프로젝트는 실험과정이 간단했지만 정밀함을 요구하는 것이었습니다. 실험과정 중에 아주 세밀한 부분을 제대로 체크 하지 못해 예상했던 결과와 다른 데이터가 나와 여러 번 실험을 되풀 이하기도 했습니다. 그래서 저는 실험할 때 꼼꼼히 메모를 하기 시작 했고, 실수를 체크하고 의심나는 부분을 수정해 나가면서 실험의 정 확도를 높여 나갔습니다. 프로젝트를 통해 어렴풋이 짐작만 하고 있 었던 사실들을 명확하게 확인하게 되니까 마음도 뿌듯하고 그동안의 고생이 보람으로 느껴졌습니다.

또한 고1 방학 때는 카이스트에서 집중 수업을 받은 적이 있었습니다. 배우는 내용이 상당히 이해하기 어려웠지만 호기심이 많은 저는 열심 히 듣게 되었고, 그때 배운 내용이 학업에 많은 도움이 되기도 했습니 다. 항상 어려운 일이 있어도 극복하고자 하는 저의 긍정적인 생각은 앞으로 학업을 성취하는 데 큰 도움이 되리라 생각됩니다.

콕콕, 합격 포인트 찾기!

논문 쓰기 노트

논문은 자신의 일정한 연구물을 가지고 논제를 정해 그것을 풀어내는 글이다.

    고등학생으로서 논문을 쓴다는 것은 쉬운 일은 아니다. 논문은 논제와 제시문을 던져주고 그 문제를 해결하라는 식의 기존논술과 달리, 논문은 자신의 일정한 연구물을 가지고 논제를 정해 그것을 풀어내는 글이다. 그렇다고 피할 문제는 아니다. 아래의 워크지에서 제시하는 순서와 발문에 맞추어 쉬운 주제부터 시작해 보자.

1.1 논문 쓰기, 생생 합격이야기

    저는 어렸을 적에 어머니가 운영하는 약국에서 조제사발을 가지고 놀았습니다. 다양한 질병에 다양한 약이 쓰이는 것이 흥미로웠고 조제에 관심을 가지게 되었는데, 고등학교 때 과학활동을 하면서 자연스럽게 제약 관련 꿈을 키우게 되었습니다.

• 논문의 목적	논문 쓰는 동기를 밝힌다.
• 주제 잡기	주제는 세부적이고 창의적으로 잡는다.
• 논문제목 정하기	논제는 함축적이면서도 주제를 관통하는 개념이 노출되어야 한다.
• 목차 잡기	숲을 보고 나무를 보듯이 목차는 논문의 숲이라고 할 수 있다. 따라서 목차는 논문 전체의 밑그림이 논리적으로 잘 드러나야 한다.
• 본론 쓰기	본론은 논증의 자리다. 문제를 삼았으면 그것이 왜 문제인지 논리적으로 증명해야 한다. 논문의 매력은 정답이 없다는 데 있다. 관점과 관점의 쉼 없는 토론을 통해 지적 호기심을 충족함과 동시에 지식을 발전시킬 수 있기 때문이다. 그러나 논문에 정답은 없지만 오답은 존재한다. 그것은 일관된 논증과 반증의 결여다.
• 서론 쓰기	서론은 논문의 얼굴마담이다. 서론만 읽어도 연구주제와 전체내용의 흐름을 알 수 있도록 작성해야 한다.
• 결론 쓰기	결론에서는 서론에서 제기한 문제와 본론에서 다룬 논증이 조화를 이루어 문제가 깨끗하게 마무리되는 느낌을 주어야 한다. 또한 결론에서는 연구의 의미와 한계 그리고 앞으로 더 연구해야 할 부분을 제시하는 것도 필요하다.
• 참고문헌 쓰기	논문 쓰기에서 주의할 점 가운데 하나가 남의 생각을 인용하는 부분과 연구자의 생각을 쓰는 부분을 구분하라는 것이다. 이것은 표절시비의 문제를 떠나서 연구자 스스로의 발전을 위한 철칙이다. 따라서 참고문헌의 1차적 기능은 본문에서 인용한 서적이나 논문을 밝히는 데 있다.

○○대학교 약학대학에 입학하게 된다면, 고등학교시절의 연구와 전문지식을 익혀 자연 추출물을 이용한 신약 개발을 목표로 두고 수학하고 싶습니다. 제 연구는 『해조류의 타감작용을 이용해 추출물로 선박에 부착하는 생물을 방지하는 연구』입니다. 이 실험으로 시 대회에서 1위를, 전국 대회에서 해양수산부장관상을 수상했고, 졸업 후에도 계속된 연구로 그리스에서 열린 국제올림피아드에서 대상을 수상했

습니다. 이는 유속을 증가시키고 연료 소모를 줄이며 중금속 방오물질을 대체해 해양산업과 생태계보존에 일조할 뿐 아니라, 앞으로 신체에도 활용할 수 있을 것입니다.

일본인의 장수 비결 중 하나가 해산물을 즐기는 식습관인 것처럼 해조류 추출물이 인간의 질병 치료에 효과가 있을 것이라고 생각했지만 부족한 지식과 경험 탓에 추측으로 그칠 수밖에 없었습니다. 제약학과에서 좀 더 깊이 있는 공부를 하면서 이를 결론짓고 싶으며 인체와 환경에 관심을 두고 공부하고 싶습니다.

개인적인 연구를 하기에 앞서 'R&E'라는 팀별탐구활동을 통해 과학 지식과 태도 및 논문 작성법을 익혔습니다. 카이스트 생명공학과의 교수님과 DNA 지문감식에 대해 공부했는데, 이때 대학의 전문 실험실을 처음 접해 보았고 각종 유전자 검사를 직접 해보고 mtDNA를 Sequencing하는 과정을 통해 DNA의 개별성을 생생히 이해할 수 있었습니다. 이와 관련해 대장균을 이용한 유전자공법으로 인체에 무해한 호르몬이나 백신을 개발해낸다는 사실이 놀라웠습니다.

작년에 중외제약에서 퀴놀론계 항생제인 '큐록신'을 개발한 기념으로 순금 돼지 핸드폰 줄을 받은 적이 있습니다. 우리나라 제약의 역사는 짧지만 이루어낸 성과가 우수한 만큼 능력을 개발하고 노력해 제가 개발한 신약의 이름이 적힌 순금 돼지를 낳고 싶습니다.

콕콕, 합격 포인트 찾기!

chapter 6

아이디어 지수를 높여라!

20세기가 모방과 복사의 시대라면 21세기는 감성과 예술의 시대다. 똑같은 제품(행위)이라도 어떤 의미를 부여하느냐에 따라서 마음에 들 수도 있고 그렇지 않을 수도 있다. 마음을 움직이는 힘이 경쟁력이다. 정보의 홍수 속에서 마음을 사로잡는 역량을 발휘하기 위해서는 자기만의 독창적인 세상 보는 눈이 필요하다. 번득이는 상, 발산되는 끼, 떠오르는 착상 이러한 아이디어에너지를 잘 관리해야 한다. 아이디어 노트 정리하기, 창작활동 도전하기, 나의 예술적 감수성을 관심 분야에 접목하기 등을 통해 나만의 차별화를 발휘해 보자.

아이디어 노트

좋은 아이디어가 나오려면 평소에 상상과 관찰 그리고 독서가 필요하다.

　명작은 하루아침에 나오지 않는다. 아무리 천재라 하더라도 걸음마부터 시작한다. 좋은 아이디어가 나오려면 그만큼 평소에 상상과 관찰 그리고 독서가 필요하다. 아이디어가 떠오를 때마다 메모해 두자. 그리고 아무리 작은 아이디어라 하더라도 친구들과 공유하면서 더 나은 아이디어가 나오도록 서로 격려해주자.

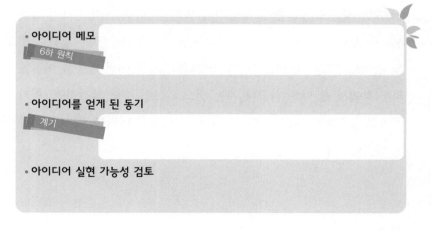

- **아이디어 메모**
  - 6하 원칙

- **아이디어를 얻게 된 동기**
  - 계기

- **아이디어 실현 가능성 검토**

저는 호기심이 많아서 무엇이든 냄새를 맡아보고 두드려보고 만져보는 습관이 있습니다. 어렸을 적에 사촌오빠가 창문을 꾸밀 때 사용하는 미술용품(얇은 냄비를 달구어 그곳에 그림을 그려 굳힌 후 떼어 창문에 모양을 내는 데 사용하는 용품)을 사준 적이 있었습니다. 사촌오빠와 저는 한번 실험을 해보려고 함께 냄비를 달궜고, 모양 하나를 만들어냈습니다. 당시 저는 어린 마음에 살처럼 말랑말랑한 그 물건을 보고 제 살을 똑같이 하면 예쁘게 만들 수 있을 것이라고 생각했습니다. 그래서 저는 손을 냄비에 넣어버렸고, 제 손바닥은 빨갛게 화상을 입었습니다. 또 한 번은 친구와 병원놀이를 하는데, 제 친구가 귀가 아파 병원을 찾아왔다는 설정 하에 저는 빨대로 귀를 불어주면 귀가 깨끗해질 것이라고 생각해 귀에다 물을 넣고 빨대를 귀 안에 넣어 힘껏 불어버렸습니다. 친구의 귀 깊숙이 들어간 빨대는 친구의 고막을 찢었고, 저는 그날 이후로 사고뭉치라는 별명을 얻게 되었습니다.

하지만 지금도 궁금한 일이 있거나 색다른 아이디어가 있으면 직접 시도를 해보고 싶어 합니다. 호기심이 많다는 것은 새로운 것을 창조할 수 있는 기본 바탕이 아닌가 싶습니다. 물론 이런 행동을 어른들의 시각에서 볼 때는 사고나 치는 것으로 보일 수도 있겠지만, 획기적이고 창의적인 사고는 호기심을 갖고 세상을 바라볼 때 가능하다고 생각합니다.

🔲 아이디어, 생생 합격이야기 ②

저는 물건을 수집하고 이를 잘 정리하는 습관이 있습니다. 이 습관은 비록 소소하지만, 제게 즐거움과 함께 저의 정체성을 형성하는 데 긍정적인 역할을 했다고 생각합니다. 저는 일단 유용하다고 생각되는 것이 있으면 주저 없이 수집을 하는데 수집 대상은 우표, 영화 포스터 같은 취미관련에서 제 자신에 관한 것에 이르기까지 다양합니다. 그래서 저는 지금까지도 신문 스크랩, 영화, 독서, 여행 관련 자료, 아이디어 노트 등을 각각 따로 정리해 나가고 있습니다. 영화감상 노트나 독서 노트에는 제가 본 영화나 책에 대한 느낌을 적고 관련 자료들을 스크랩하며, 신문 스크랩은 매일 밤 꾸준히 정리하고 있는데 우선 사설을 오려 붙이고, 제 견해를 적습니다. 각종 상식 코너들도 필요에 따라 편집하는데 이것은 저의 하루 일과 중 가장 큰 즐거움이기도 합니다. '아이디어 노트'는 생활 속에서 무심코 떠오르는 기발한 상상을 정리한 것인데 노트 내용들이 조금 독특합니다. 예를 들면 '우리가 생각하는 지구는 사실 신들이 키우는 동물의 눈이었다. 달이며 화성이니 하는 것들은 사실, 그 동물의 다른 몸 기관에 불과했다. 그 동물은 신의 소유물에 불과하고, 어쩌면 그 신 위에는 더 큰 존재가 있는지 모른다. 그럼 지구에 사는 인간은 도대체 뭐란 말인가?'라는 저의공상을 적기도 하고, 이런 공상 외에도 김통정 장군을 주인공으로 삼별초 항쟁의 장렬함을 시나리오로 각색해 정리하기도 합니다. 이렇게 다양하게 수집하고 정리하는 습관 덕분에 저는 부지런하고 체계적인 사람이 될 수 있었고, 수행평가나 과제물에서 매번 만점을 받게 되었습니다.

하지만 이러한 정리습관은 완벽주의적인 성격을 형성하도록 만들었고, 이런 성격으로 인해 저는 늘 생각하고 쫓기는 듯한 생활을 하게 되었습니다. 그래서 저는 이러한 저의 단점을 고치고자 옛 성현들의 짧은 명상록 같은 것을 읽으면서 항상 마음속에 여유를 가지도록 노력해 왔으며, 지금은 많은 부분이 개선되었습니다.

콕콕, 합격 포인트 찾기!

아이디어, 생생 합격이야기 ③

저는 다재다능하고 긍정적인 사고를 가진 사람입니다. 음악, 미술, 체육 등 예체능 전 분야에서 우수상을 받은 만큼 다재다능할 뿐만 아니라, 영어와 일본어 JLPT1급 자격증이 있을 정도로 외국어 능력에서도 뛰어납니다. 그리고 어려운 상황이 닥쳐와도 언제나 긍정적으로 생각하며 주변 친구들과는 다른 저만의 독특하고 창의적인 생각으로 어디를 가나 주목을 받는 편입니다.

여러 가지가 있지만 그 중 가장 대표적인 예를 들자면, 학생대표로 지휘를 맡고 있던 중3 때, 문득 학교 졸업식을 항상 엄숙하고 격식을 갖춰야만 한다는 사고방식에서 벗어나, 새 출발의 의미로서 즐겁고 기다려지는 행사로 바꾸고 싶다는 기발한 생각이 떠올랐습니다. 그래서 저는 졸업식 날 지휘를 할 때 간단한 퍼포먼스를 해야겠다는 특이한 생각을 했고 그 결과는 대성공이었습니다. 저의 졸업식퍼포먼스 영상은 하루 만에 '많이 본 동영상' 1위를 장식했고 그 밑엔 수많은 댓글이 달렸으며 조회 수는 무려 십만을 넘는 기록을 세웠습니다.

이렇듯 고정관념을 깬 저의 기발한 발상과 용기 있는 행동은 세상에 신선함을 주었고 저 또한 너무도 자랑스러웠던 경험이었습니다. 창의성과 아이디어를 중요시하는 21세기 사회에서는 이렇게 독특하고 기발한 생각을 가진 저를 반드시 필요로 할 것입니다.

> 콕콕, 합격 포인트 찾기!

창작활동 노트

창작활동은 나만의 특징과 실적을 확실하게 보여줄 수 있는 무기가 된다.

입학사정관제에서 창작활동은 매력적이다. 다른 여러 가지 활동들은 모든 학생들이 비슷비슷하게 할 수 있기 때문에 나만의 확실한 특징을 내세우기 어려울 수 있다. 그런데 출품, 작품, 공모, 특허, 공연, 발표 등의 창작활동은 나만의 특징과 실적을 가지고 확실하게 보여줄 수 있는 무기가 된다.

1. 창작활동, 생생 합격이야기

고등학교 1학년 때 국어 선생님이 국어 수행평가 과제로 『창작을 위한 독서 집중 프로그램』이란 걸 내주셨습니다. 책을 읽고 그 내용을 완전히 이해한 후 창의적으로 작품의 장르를 바꾸어 연극대본으로

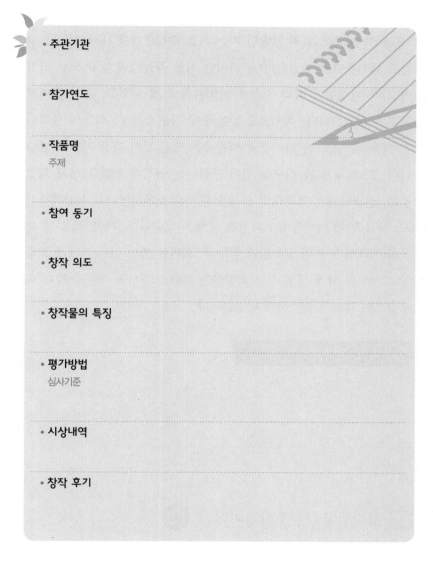

- **주관기관**

- **참가연도**

- **작품명**
  주제

- **참여 동기**

- **창작 의도**

- **창작물의 특징**

- **평가방법**
  심사기준

- **시상내역**

- **창작 후기**

작성해 보거나, 소설의 결말상황을 새로운 시나리오로 창작해 보는 활동이었습니다. 이런 활동은 책의 내용에 대해 토론하고 비판하면서 지적향상을 도모하는 과제였습니다.

평소 책을 즐겨 읽지 않았던 저는 처음 수행평가를 내주셨을 때 귀찮고 번거롭다만 여겼습니다. 하지만 책을 꼼꼼하게 읽고 노트 작성이 각각 완성됨에 따라 스스로 만족감을 얻게 되었고, 점차 흥미를 느끼게 되었습니다. 독서프로그램 중에 장편소설 〈우리들의 일그러진 영웅〉을 읽고 반 아이들과 역할극을 했던 것이 가장 기억에 남습니다. 그때 제가 반 친구들 위에 군림하는 엄석대 역할을 하게 되었는데, 선생님께서 엄석대의 성격을 완벽히 소화해냈다고 칭찬해주셨고, 학급 전체 아이들이 A학점을 받게 되었습니다. 책을 읽고 그 내용을 이해하기 위해 급우들과 역할극, 토론을 했던 일은 저에게 소중한 기억으로 남게 되었고, 지적향상을 위해 노력하는 자세를 갖게 해주었으며 독서를 즐겨하게 되었습니다.

> 콕콕, 합격 포인트 찾기!

창작활동, 생생 합격이야기 ②

제 방에는 작은 문고가 하나 있습니다. 초등학교 때 부모님께서 선물로 주신 동화책 두 권으로부터 시작된 문고입니다. TV 보는 시간이 점점 늘어나는 것이 걱정이 되신 부모님께서 TV보다는 책을 가까이 하게 해주시려고 시작하신 일임을 나중에 중학생이 되어서야 알았습니다. 물론 그 후로 저는 부모님이 바라는 대로 책을 즐겨 읽는 아이로 바뀌었습니다. 그리고 한 권, 두 권 불어나는 책을 세어보며 좋아했던 기억이 지금도 생생합니다.

덕분에 자연스럽게 책과 가까워질 수 있었고 지금까지 꾸준한 독서 생활을 하고 있습니다. 비록 독서광은 못 되어도 항상 제 가방 속에는 한두 권의 책이 들어 있습니다. 또 제가 밖에서 친구들을 만나는 약속 장소가 주로 대형 문고인 것도 바로 이런 습관에서 비롯된 것입니다. 입시준비로 마음이 지치고 힘들 때 한쪽 벽을 채우고 있는 내 방의 나만의 책장을 쳐다보면 부모님의 격려가 느껴지는 것 같아 저절로 미소를 짓게 되고 힘을 얻곤 합니다. 남들도 다 갖고 있는 이 작은 책장을 제가 남달리 아끼는 이유는 이 책장에 부모님의 사랑이 배어 있어서만은 아닙니다. 책을 읽고 책과 함께 자라면서 좋아하는 글을 쓰고, 가진 것을 이웃과 나누며 더불어 사는 소박한 꿈을 키울 수 있었기 때문입니다. 열심히 노력해 제가 그 행복한 삶의 주인이 된다면 그것은 어릴 적부터 내 방에 작은 나만의 문고를 마련해 사랑과 정성으로 풍성한 삶을 선사해주신 부모님 덕분일 것입니다.

콕콕, 합격 포인트 찾기!

저는 중1 때부터 취미가 영화감상이었습니다. 고등학교에 들어와서는 영화 보는 횟수가 더 늘었는데, 영화 관람이 단순히 스트레스를 풀기 위한 것만은 아니었습니다. 처음엔 그저 여가를 즐기는 수단으로만 여겼지만 고2가 되면서부터는 영화관련 진로문제로까지 자리잡게 되었습니다.

이후 신중히 장래문제를 고민하던 중, 프랑스 영화 '수면의 과학'이란 영화를 관람하게 되었습니다. 그때부터 어떤 영화를 보든지 자세히 관심을 갖고 집중하며 보는 습관과, 특히 불어에 관심을 가지게 되었습니다. 그러면서 장래문제를 놓고 영화와 불어 사이에서 많은 갈등을 하게 되었습니다. 결국 불어를 장래희망으로 결정하고 영화는 저의 확실한 취미생활로 다져지게 되었습니다.

어떤 때는 미스터리 영화를 보고난 후 그 내용의 여러 가지 상황설정 등에 대한 궁금증을 풀기 위해 며칠을 컴퓨터에 앉아 연구했던 기억도 납니다. 영화 관람이 다른 사람들에게는 단순한 스트레스 해소였을지 모르겠지만, 저에게는 최고의 경험과 영화세계를 이해하게 해준 아주 고마운 선물이었습니다.

사람들은 저마다 세상에 꼭 필요한 가치를 가지고 태어난다고 합니다. 비록 자신의 길을 찾지 못한다 하더라도, 결국 하나님께서 정하신 곳에 있게 될 거라 하셨습니다. 단지 조금 더 돌아갈 뿐이라는 것입니다. 그 얘기를 듣고는 내게 좋지 않은 일이 생기거나, 원하는 일이 이루어지지 않는다 해도 그것은 세상을 비관할 슬픔이 아니라, 다만 조금 더 돌아가는 것뿐일 거라고 생각하게 되었습니다. 또 매사에 성실하고 긍정적인 사고를 잃지 않는다면 내가 앉아야 하는 그곳에 분명히 있게 될 거라는 믿음도 생기게 되었습니다.

콕콕, 합격 포인트 찾기!

특기 소양 노트

입학사정관제에서는 자기만의 끼를 어떻게 관리해 왔으며,
그 끼를 앞으로 어떻게 사용할 것인지가 관심사다.

우리 사회는 전공 선택에 있어서 아직도 고정관념이 많다. 입학사정
관제에서는 문과와 이과, 남자와 여자, 인기학과와 비인기학과를 기
존처럼 적용하지 않는다. 입학사정관전형에서는 자기만의 끼를 어떻
게 관리해 왔으며, 그 끼를 앞으로 어떻게 사용할 것인지가 관심사이
기 때문이다. 예술적 재능과 특기는 다양한 학과와 접목이 가능하다.
예술이 경영과 만나면 예술경영학이 되고 예술이 심리학과 만나면
예술심리학과가 된다.

🔲 특기 소양, 생생 합격이야기 ①

저는 연극이나 뮤지컬에 관심이 많아 중학교 때 이미 뮤지컬 공연을

- 나의 특기 소양

- 희망 전공 분야 소개

- 특기 소양과 전공의 연계성

시작했습니다. 고등학교 2학년 때 인터넷 서핑을 하던 중, 연극동아리를 알게 되었고 마침 여름 워크숍이 있다는 이야기를 듣고 공연을 하고 싶은 마음에 당장 찾아갔습니다. 연극동아리는 창립 23년의 전통 있는 연극 동아리였고 선배들 중에는 현재 실제 배우로 일하는 분들도 계셨습니다.

그렇게 연극 연습에 돌입했고 정통 연극은 처음이라 어렵고 힘들었지만 차근차근 하나씩 배워나갔습니다. 저는 스텝 일까지 하면서 연극의 전반적인 체계를 알 수 있었습니다. 마침내 쉬지 않고 한 달이 넘는 준비 끝에 이틀간의 공연이 성공적으로 마무리되었습니다.

연극을 하면서 배우고 얻은 것들이 참 많은데 그 중에서도 첫째는 자신감이 생겼다는 것입니다. 본래부터 성격이 활달해 자신감이 아주 없는 건 아니었지만, 연극을 한 이후로는 한 달 동안 열심히 해서 무언가를 이루었다는 생각에 앞으로 무엇이든지 잘 해낼 수 있겠다는 확신이 생겼습니다. 그런 자신감으로 잘 몰랐던 교회친구들과도 친해졌고, 교회행사도 맡게 되면서 완벽히 적응할 수 있었습니다. 둘째로는 전문적으로 연극을 하는 선배들에게 연기를 배우고 연극을 전공할 친구들과 생활하면서 일반 학생들과 있을 때와는 다른 세계를 체험할 수 있었습니다. 그들은 언제나 에너지가 넘쳤고 가슴은 열정으로 꽉 차 있었기 때문에 저도 그들과 함께 있으면서 정적인 학교 수업시간에는 배울 수 없었던 정열을 품을 수 있었습니다.

 마지막으로 저는 공동체 의식을 다시 한 번 깊이 깨달았습니다. 이 때까지 여러 동아리에서 활동하면서 매번 팀워크가 필요하다고 생각했지만 연극은 그 어떤 단체보다도 팀워크가 중요하고 위계질서도 강하기 때문에 동기들끼리 더 뭉치면서 서로를 위하는 법을 배웠습니다. 그리고 극에 있어서 아무리 작은 역할이라도 절대 불필요한 역은 없다는 것을 실감하면서 우리 인생에 있어서도 모두가 소중한 존재라는 것을 느꼈습니다. 제가 좋아하는 연극을 하면서 연극 심리치료를 하고 싶다는 생각이 들었고 더 나아가 제가 좋아하는 음악, 춤 등도 결합해 심리치료에 활용하고 싶다는 생각이 들었습니다. 이렇듯 학창시절 연극활동은 제가 예술 심리치료사가 되기로 꿈을 품는 데 큰 동기가 되었습니다.

콕콕, 합격 포인트 찾기!

저는 초등학교 때부터 바이올린을 배웠습니다. 처음에는 막연히 악기 하나 정도는 다룰 수 있어야 될 것 같아서 시작했습니다. 하지만 나중엔 흥미가 생기고 또한 나의 삶에 활력을 불어넣어 주어 이후로 계속 배우게 되었습니다. 아침 일찍 일어나 30분 정도 연습하고 학교를 간 적이 많았습니다. 실력이 향상되니 더욱 재미를 느끼게 되었습니다. 중학교 때까지 계속 취미생활로 바이올린을 배웠는데, 마침 교회에서 정기적으로 봉사활동하는 복지시설에서 제가 바이올린 연주회를 하게 되었습니다. 처음에는 여러 사람 앞에서 바이올린을 연주해야 한다는 두려움으로 많이 떨렸습니다. 처음 연주할 때는 실수도 많이 했지만 많은 사람 앞에서 몇 번의 연주를 하다 보니 그런 상황에 익숙해지고 점차 자신감도 생겼습니다. 또한 나의 작은 힘으로나마 무엇인가에 봉사를 하고 있다는 생각에 가슴이 뿌듯하기도 했습니다. 지금은 고3이라 봉사활동을 못 가지만 졸업하면 교회에서 대예배 반주도 하고 싶습니다.

교회에서 성가대 반주를 하면서 저는 강한 책임감과 희생·봉사정신을 배웠습니다. 성가대원은 보통 예배시작 시간보다 한 시간 일찍 오는데 반주자는 성가대원들보다 조금이라도 먼저 와서 준비하고 있어야 합니다. 만약 제가 늦으면 그만큼 많은 사람들을 기다리게 만들 뿐만 아니라, 곡을 충분히 연습할 수 없게 되어 온전한 성가 합창이 되지 못합니다.

성가 반주 봉사를 하면서 보수를 받지 않으면서도 시간을 많이 할애

해야 하는 봉사라는 것이 얼마나 강한 사명감과 투철한 책임감, 희생정신이 따라야 하는지를 체득하게 되었습니다. 저는 인생을 살아나가는 데 있어 결코 돈으로 살 수 없는 값진 것을 배웠기에 저에게는 그 시간이 무엇보다 소중하게 기억될 것이고, 이런 경험은 앞으로 나의 인생에 적지 않은 영향을 미칠 것이라 생각합니다.

콕콕, 합격 포인트 찾기!

특기 소양, 생생 합격이야기 ③

저는 스포츠를 활용한 비즈니스를 성공시켜 보고 싶어 ○○대학교 사회 과학부를 지원하게 되었습니다. 스포츠를 매우 좋아하는데 그중에 서도 특히 축구를 좋아합니다. 그런데 우리나라에서는 유럽인들이 즐기는 것처럼 축구를 즐길 수 있는 기반산업이 부족한 것 같습니다. 이 때문에 사람들은 축구를 즐기기는 하지만 우리나라 프로축구를 즐기지 않고 다른 나라의 프로축구를 더 선호하는 것 같습니다. 저는 이러한 현실이 매우 안타까웠습니다. 그렇기 때문에 제가 프로축구팀의 경영인이 되어 프로축구 산업시설의 기반을 확충하고 효율적이고 합리적인 경영을 통해 우리나라 프로축구의 발전을 일구어 유럽인들이 즐기는 것처럼 우리나라 사람들도 축구를 여가생활의 하나로 즐길 수 있도록 만들어야겠다는 생각을 했습니다.

또, 축구산업에서의 프로팀들도 하나의 기업이기 때문에 효율적인 경영을 통해 발전시켜 나가야 한다고 생각합니다. 따라서 경영학이라는 학문을 배우는 것이 필수적이라고 생각합니다. 경영학을 전공하면 현재 우리나라 프로축구의 문제점과 구조적 취약점을 파악해 그 문제해결을 할 수 있는 능력이 길러질 것입니다. 제가 이런 문제들을 파악하고 문제를 직접 해결하는 것이 저의 소망이기에 ○○○대학교를 택했습니다.

저는 대학졸업 후 프로축구산업의 전반적인 이해를 높이고 직접 우리나라 프로축구의 문제점을 알아내 그에 대한 해결책에 대해서 연구할 수 있게 프로축구팀의 영업부에 입사해 직접적으로 한국 프로축구를 접할 것입니다.

미래의 한국 사회는 아마도 복지와 레저를 중심으로 산업이 발전할 것이라고 생각합니다. 그래서 스포츠가 각광을 받을 것이며 축구에 대한 관심이 지대해질 것입니다. 하지만 현재의 한국축구는 축구 관람층의 저변확대에 실패해 일회성 관중이 대다수인데, 일회성 관중을 즐겨 찾는 관중으로 만들어야 축구산업이 활성화될 것입니다. 따라서 저는 프로축구 문제점을 연구하고 싶습니다.

뿐만 아니라, 여건이 된다면 축구경영학이라는 학문을 전문적으로 배울 수 있는 영국으로 유학을 가고 싶습니다. 축구경영학을 통한 축구산업의 전문적 이해를 통해 한국에 맞는 축구경영학을 확립할 것입니다. 또, 폭넓은 경험과 전문적인 지식을 통해 우리나라 사람들도 축구를 즐길 수 있는 여건을 제공해주고 싶습니다. 저는 프로축구팀의 경영인으로서의 역할을 성공적으로 완수하고 프로축구 산업의 리더가 되어 ○○대학교의 위상을 높일 수 있는, ○○대학교가 원하는 인재상이 되고 싶습니다.

콕콕, 합격 포인트 찾기!

chapter 7

리더십·사회성 지수를 높여라!

입학사정관제에서 리더십 역량이 매우 중요시되고 있다. 이 때문에 학급회장도 경쟁률이 높아지고 있는 추세라고 한다. 하지만 대학에서 원하는 리더십 역량이 무엇인지도 모른 채 하나의 이력 쌓기 차원이라면 낭패를 보기 쉽다. 리더의 역량도 시대와 그 사회의 특수성에 영향을 받는다. 다수의 석학들은 21세기 글로벌리더의 역량으로 도덕성과 소통능력을 꼽는다. 그것은 고도로 발달한 과학정보 기술의 발달이 경계를 허물고 있기 때문이다. 이러한 변화에도 불구하고 사람들은 아직도 자기입장에서 벽을 두고 세상을 바라보기 쉽다. 강자와 약자, 남자와 여자, 종교와 종교, 인종과 인종, 국가와 국가, 학문과 학문, 세대와 세대 간 갈등이 그렇다. 사실 이 문제는 근본적인 역사성 때문에 하루아침에 쉽게 해결될 문제는 아니다. 그 집단 구성원들 사이의 끊임없는 열린 소통과 합의적 노력만이 대안이다. 이런 점에서 소통과 합의를 이끌어내는 자가 그 사회의 리더다.

리더는 자기 입장을 넘어서는 역량을 갖추어야 한다. 리더가 한쪽 입장에 서게 되면 아군과 적군의 관계처럼 대립과 반목의 악순환을 반복하게 되기 때문이다. '대인관계능력 키우기, 사회이해도 높이기, 리더사회성 활동일지' 등을 통해 나만의 리더십·사회성 지수를 높여보자.

대인관계 역량 노트

이 세상에서 가장 어려운 문제가 사람과의 관계문제이다.

나는 어떤 사람을 좋아할까? 나는 다른 사람들에게 호감형일까, 비호감형일까? 사람은 누구나 많은 사람들에게 인기를 얻고 싶어 한다. 그러나 내 마음대로 되지 않는 것이 다른 사람의 마음이다. 그런 점에서 이 세상에서 가장 어려운 문제가 사람과의 관계문제이다. 지속적으로 좋은 관계를 유지하기 위해서는 대인관계를 위한 나만의 노하우가 필요한 시대이다.

🔲 대인관계 역량, 생생 합격이야기

누구에게나 삶을 살아가는 나침반과 같은 소중한 지표가 있을 것입니다. 저는 인생에서 가장 소중한 것이 '친구'라고 생각합니다. 중학

- 언제 만난 사람인가?

- 어디에서 만난 사람인가?

- 어떻게 사귀게 되었는가?

- 그 사람의 특징은 무엇인가?
  첫인상, 장점, 결점, 능력 등

- 그 사람과 지속적으로 좋은 관계를 유지하기 위해 무엇을 할 것인가?

교 때 절친했던 친구와 사소한 말다툼이 발단이 되어 크게 싸운 적이 있었습니다. 저는 그 친구에게 너무 많은 실망을 했고 그 친구와는 아무런 말도 하지 않게 되었습니다. 이런 저의 모습에 친구 역시 많은 마음의 상처를 받고 전학을 선택하게 되었습니다. 저는 너무 놀라게 되었고, 친구에게 죄책감을 느끼게 되었습니다.

그 사건 후 저는 한동안 말없이 묵묵히 공부만 하며 지내게 되었습니다. 저는 그 친구에게 미안한 생각이 들어 친구의 연락처를 알아내기 위해 노력했습니다. 수소문한 끝에 친구의 연락처를 알아냈고, 용기를 내어 먼저 연락했습니다. 혹여나 친구가 저에 대한 분노와 미움으로 전화를 받지 않고 바로 끊어버리면 어쩌나 가슴을 졸였는데, 그 친구는 고맙게도 상냥하게 저의 전화를 받아주었습니다. 저는 친구에게 용서를 빌었고, 그 친구 역시 저의 용서를 받아주었습니다. 우리는 서로 화해를 하게 되었고, 지금은 서로 연락을 하며 친하게 지내고 있습니다.

저는 이 사건을 계기로 친구와의 신뢰와 믿음에 대해 생각해 보게 되었습니다. 누군가가 친구에 대해 좋지 않은 말을 하더라도 친구의 잘못을 확인도 하지 않은 채 돌아서는 것이 얼마나 믿음이 깨어지게 하는 일인지를 깨달았습니다. 그 친구를 통해 '믿음'이라는 것을 소중하게 생각하게 되었고, 이는 저의 인생에 있어 소중한 자산으로 남게 되었습니다.

콕콕, 합격 포인트 찾기!

대인관계 역량, 생생 합격이야기 ②

'진정한 친구'는 인생에 있어서 가장 큰 '재산'이라는 말이 있습니다. 초등학교, 중학교, 고등학교 12년 동안 학창시절을 보내면서 저는 활발하고 적극적이며 성실한 태도로 넓은 인간관계를 형성할 수 있었습니다. 초등학교부터 고등학교까지 일산에서 학업을 지속하면서 오랜 기간 동안 많은 친구들을 만날 수 있었고, 그 친구들과의 관계를 지속할 수 있었습니다. 고등학교에 입학하고 나서 형식적인 CA 활동보다는 조금 더 적극적인 활동을 원하게 되어 저는 중학교 때부터 계속해 왔던 과학 동아리에 가입했습니다. 동아리활동은 저에게 새로운 많은 경험을 하게 해주었고, 친구, 선배와 후배, 그리고 'OO고'라는 이름으로 묶인 끈끈한 유대관계를 형성시켜주었습니다.

저의 고등학교 생활의 두 가지 목표는 동아리활동을 통한 '인성 연마'와 학업을 통한 '성적 향상'이었습니다. 동아리활동으로 인해 학업이 소홀해질 수 있다는 이유로 부모님의 반대가 있었지만, 저는 동아리활동과 학업 둘 다 최선을 다했기 때문에 두 분야에서 항상 좋은 결과를 얻을 수 있었습니다. 오히려 동아리활동을 통해 활발하고 적극적으로 학교생활에 참여할 수 있었고, 선배들의 조언이 학업에 긍정적인 영향을 주었다고 생각합니다.

콕콕, 합격 포인트 찾기!

 전문적인 CEO가 되고 싶다는 생각을 하고 있었던 저는 어려서부터 경영학과 진학을 목표로 했기 때문에 인문사회계열을 선택하게 되었습니다. 자칫하면 중학교 때부터 관심이 많았던 과학 분야에 소홀해질 수 있었지만, 과학 동아리 '익스피아드' 활동을 하면서 과학에 대한 전문적인 지식을 쌓을 수 있었습니다. 이러한 경험을 바탕으로 ○○대학교에서 주최하는 과학행사에 학교대표로 참가하기도 했습니다. 저는 사회, 과학 분야 중 어느 한쪽으로도 치우치지 않는 폭넓은 공부를 할 수 있었고, 이로 인해 다른 문과생들보다 과학 분야에 대해 높은 관심과 실력을 가질 수 있었습니다.

 저는 현재 학교라고 하는 작은 사회의 리더 자리에 있습니다. 학교의 학생회장으로서 학생회활동을 통해 배운 리더십은 후에 기업의 최고경영자가 되기 위한 밑거름이 될 것이라 확신합니다. 요즘 이과생들의 기업 CEO 비중이 높아지고 있는데 이러한 사실은 기업체를 이끌어가는 데 있어서 그 분야에 관한 전문적인 지식이 바탕이 되어야 한다는 것을 알려줍니다. 저는 비록 인문계열을 선택했지만 한 기업체를 이끌어가는 데 필요한 최소한의 전문성과 자질이 없다면 최고의 리더로서 사회를 움직이고 이끌어가는 능동적인 사람이 될 수 없다고 생각합니다.

 학과공부를 통해 습득된 최소한의 전문성, 학교생활을 통한 넓은 인간관계와 그들을 이끌 수 있는 리더십, 그리고 그들이 저에 대해서 가지고 있는 신뢰감, 그들의 신뢰감으로 얻은 저의 자신감, 최선을 다해 노력하면 무엇이든 할 수 있다는 강한 의지가 저에게 힘이 되어 줄 것이라 생각합니다. 스스로 결과를 확신할 수 없음에도 자신감을 발산해야 하는 리더의 자리에서 저는 저의 능력을 잘 발휘할 수 있을 것이라고 생각합니다. 경험을 통해 역량을 키우고 보완하며 성장해 가고 있는 저는 앞으로 대학교에서 전문 지식을 쌓고 사회에서 당당한 리더로서 일할 것입니다.

콕콕, 합격 포인트 찾기!

사회이해도 역량
노트

자신과 이질화된 사회화대상들과 화해하는 훈련이 필요하다.

 사회화는 양면적 성격을 띤다. 태어나는 순간부터 가정이라는 환경에서 사회화가 시작된다. 나이가 들면서 차츰 학교, 이웃, 또래집단, 사회에서 언어, 종교, 관습, 이념, 법, 언론 등 다양한 요소들이 사회화를 강요한다.

 환경에의 적응이라는 측면에서는 긍정적이지만 그 환경에 구속되는 방향으로 진행된다면 부정적이다. 따라서 이러한 사회화 과정의 특징을 주도적으로 이해하고 적응단계에서 구속단계로 진행하는 것을 차단하고, 적응단계에서 창조의 단계로 이끌어나가야 한다. 그러기 위해서는 자기와 이질화된 사회화대상들과 화해하는 훈련이 필요하다.

- **이질적 사회화 대상**
  종교, 이념, 인종, 습관, 기호 등

- **보편성 찾기**
  같은 점, 공통점

- **특수성 찾기**
  다른 점, 차이점

- **소통하기**
  이해하기, 인정하기, 하나 되기

🔲 사회이해도 역량, 생생 합격이야기

…(중략)…

외국인들을 만나기 전 많이 설레었다. 평소 언론에서 부정적으로 공개되던 파키스탄과 아프가니스탄은 사전교육 때 받았던 책자에서부터 문화적 충격과 괴리에 대한 조심을 언급하고 있었다. 하지만 14박 15일 동안 한국인 참가자들이 본 파키스탄은 평범한 친구나라였다. 우리나라의 '비'와 같은 파키스탄 인기 가수가 아시아캠프에 참가했었다. 파키스탄에서는 무척 유명해서 경호원을 항상 배치해 둔다던 그 가수에게 우리는 거리감을 전혀 느끼지 못했다. 그런데 그만 파키스탄 가수 친구가 한국인 참가자 오빠들과 밤에 축구를 하다가 발을 다쳤다. 한국인 참가자와 사무국은 파키스탄에 대한 평소 이미지와 그 참가자의 사회적 지위로 인해 무척 걱정을 많이 하고 있었지만 파키스탄 가수 친구는 웃으면서 자신의 아버지가 의사라며 한국 측 의사와 상의해 보고 수술여부를 결정하면 되니까 걱정하지 말라면서 우리를 진정시켜 주었다. 오히려 자신이 여유롭게 한국인 참가자들을 걱정에 휩싸이게 해서 미안하다며 사과를 표했다.

캠프 중에 있던 각국 전통공연 날 이 참가자는 타고 있던 휠체어를 벗어나 '아시아는 하나다' 라며 무대 앞으로 모든 참가자들을 불렀다. 서로 포옹을 하고 축제 분위기를 연출하며 파키스탄과 아시아는 하나이니 우리는 친구라는 말을 소리쳤다. 그리고 스텝들에게 양해를 구하고 축제 분위기를 연장시켜주어 우리는 5분 동안 다함께 춤을 췄다.

비록 단 5분간의 상황이었지만 우리는 그의 외침과 눈길에 감동했다. 파키스탄에 놀러오라며 초청했던 그는 우리가 파키스탄에 대해 가지고 있던 두려움을 느꼈는지 "위험한 국가라는 거 알아요. 하지만 우리는 하나잖아요. 더군다나 제가 조금 유명한 가수라 오시면 안전해요."라는 말을 하기도 했다. 우리에게 그는 평생 잊을 수 없는 친구가 되었다.

콕콕, 합격 포인트 찾기!

리더십 · 사회성 활동 노트

입학사정관은 어떤 활동을 했느냐보다,
활동을 통해 어떤 리더십 역량을 길렀느냐를 평가한다.

사회리더십 활동 사례를 살펴보면 학급회장단이 구성하는 학생회활동, 직선제가 아닌 별도의 각종 운영위원회활동, 동아리회장단회의 활동, CA대표회활동, 자율지킴이활동, 멘토봉사단활동 등이 있다. 입학사정관은 학생이 어떤 활동을 했느냐는 사실에 주목하기보다는 그 활동을 통해 어떤 리더십 역량을 길렀느냐를 평가한다. 따라서 리더십활동을 시작하게 된 동기와 그 과정을 통해 형성된 리더십 역량 그리고 그 역량을 앞으로 어떻게 발전적으로 키워서 인류사회에 기여할 것인지를 일관되게 정리해 두어야 한다.

1. 리더십 · 사회성 활동, 생생 합격이야기

저의 아버지는 늘 겸손하고 성실하면서 타인들의 존경을 받는 분입니다. 아버지께서는 제게 세상을 아우를 수 있는 사람이 되어야 한다

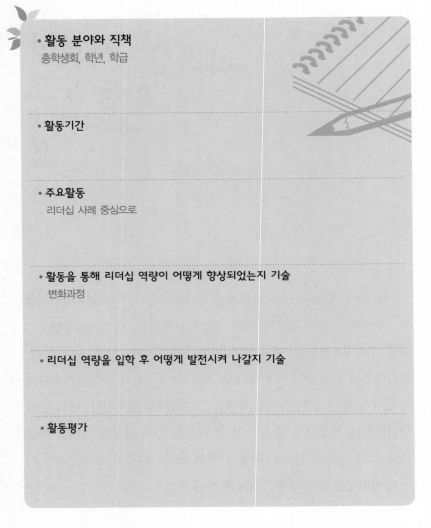

- **활동 분야와 직책**
  총학생회, 학년, 학급

- **활동기간**

- **주요활동**
  리더십 사례 중심으로

- **활동을 통해 리더십 역량이 어떻게 향상되었는지 기술**
  변화과정

- **리더십 역량을 입학 후 어떻게 발전시켜 나갈지 기술**

- **활동평가**

고 강조하셨습니다. 그에 따라 생활하려고 노력한 결과, 저는 남달리 다른 사람의 의견을 수렴하고 조율하는 장점을 갖게 되었습니다. 그리고 이러한 장점을 바탕으로 조직을 구성하고 이끄는 리더십 또한 뛰어납니다. 이런 저의 장점은 학생회장, 성남시 차세대 청소년위원회(차청위) 교육팀장, 청소년정치참여네트워크(청정넷) 공동대표로 활동하면서 발휘될 수 있었습니다.

저는 학생회를 운영하면서 학생회의 활동목표를 '열린 학생회' 로 정했습니다. 학생회활동의 기본이 되어야 할 것은 바로 학생들의 의견을 수렴하는 것이라 생각했고 의견 수렴을 위해 다음과 같은 방법을 고안했습니다. 먼저, 부정기적으로 열리던 학생 대의원회를 한 달에 한 번씩 정기적으로 개최했습니다. 그리고 학생들의 의견을 빨리 수렴할 수 있도록 학생 온라인 건의함을 개설했지만, 학교에 있는 시간이 많아 컴퓨터를 이용하기 힘들다는 건의가 들어왔습니다. 그래서 학생들이 문자메시지를 이용해 건의할 수 있도록 학생 민원 전화를 설치했습니다. 이 때문에 학생회가 해야 할 일이 늘어났지만, 더 많은 의견을 수렴해 학교에 전달할 수 있었습니다.

그런데, 이렇게 다양한 방법으로 많은 의견을 수렴하려다 보니 학생회와 학생들의 생각이 일치하지 않는 경우가 종종 발생했습니다. 예를 들어 학생들은 축제 때 연예인을 초청하기를 바라는 반면, 학생회는 『학생이 주체가 되는 축제』를 주제로 정하고 연예인을 섭외하지 않는 것을 원칙으로 삼았습니다. 따라서 여러 학생들로부터 이러한 학생회의 원칙에 반대하는 건의가 들어왔습니다. 그래서 저는 이 문제를 해결하기 위해 대의원회에서 별도의 시간을 마련해 국회의 대정부 질문과 같이 대의원들이 회장과 일대일로 문답을 할 수 있는 시간을 만들었습니다. 대의원들의 많은 질문에 답을 하고 그들을 설득하는 것이 힘들었지만, 서로 문답을 하면서 의견차를 줄일 수 있었습니다. 결국에는 연예인 섭외 대신에 수준 높은 다른 학교 공연 동아리를 좀 더 섭외하고 우리 학교 학생에게 공연 기회를 좀 더 주는 것으로 결론이 났습니다.

이러한 결론 도출 과정을 거친 결과, 축제는 모두가 만족스럽게 개최될 수 있었습니다. 또한 대의원과의 문답시간을 정례화함으로써 축제 이외의 여러 문제도 대화를 통해 해결할 수 있었습니다.

또 저희 학교급식이 품질이 계속 낮아져서 학생들과 급식소 사이에 갈등이 있었습니다. 그래서 저는 이 문제를 대화로 풀고자 급식소와 정례 간담회를 하기로 했습니다. 이를 통해 대화를 나눈 결과, 갈등이 이외로 쉽게 해결되었습니다. 학생회에서도 학생들의 의견을 구체적으로 전달하자 급식소에서도 이를 잘 수용했고, 저도 급식소가 학생들에게 요구하는 것을 전달했습니다. 그 결과 이 문제를 대화로 잘 해결했고 지금은 모범 급식소로 선정되어 여러 언론에 보도되었습니다.

그리고 이러한 저의 장점은 TV프로그램인 『문화포럼−청소년의 눈으로 본 한국의 정치문화』에 출연했을 때도 발휘되었습니다. 그때 저는 청소년들의 정치 관심도를 높이기 위해 결성된 시민단체인 '청소년정치참여네트워크'의 공동대표로서 이 프로그램에 출연했는데, 진행자와 제작진으로부터 상대방의 의견을 경청하고 긍정적으로 수용해 자신의 논리를 재구성하는 점이 돋보였다는 평가를 받았습니다.

이렇게 저에게는 남의 의견을 잘 수렴하고 서로의 이해 차이를 잘 조율하는 장점이 있지만, 감정을 솔직히 표현하지 못하는 단점도 있습니다. 회장으로서 많은 비판을 듣는 데에는 도움이 되었지만, 개인적으로는 여러 가지로 어려운 점이 많았습니다. 속으로는 화가 나지만 겉으로는 웃으면서 화를 참으려고 하다 보니 스트레스가 쌓이기도 했고, 제 스스로도 이러한 이중적 태도는 옳지 않다는 생각이 들었습니다. 또한 좋고 싫음을 잘 표현하지 않았기 때문에 제가 싫어하거나 부담이 되는 무리한 부탁을 하는 친구들도 있었습니다. 저는 성격상 그러한 부탁을 제대로 들어주지 않았기 때문에 친구와의 사이가 멀어지기도 했습니다. 하지만 지금은 반성의 시간을 통해 저의 단점을 고치려고 노력 중이며 되도록 좋고 싫음을 확실히 표현하려고 합니다.

콕콕, 합격 포인트 찾기!

제3부

나를 디자인하는
말·글 표현 여행

구슬이 서 말이라도 꿰어야 보배다. 아무리 내공이 깊어도 자기
역량을 적재적소에 드러내지 못하면 그 능력은 반감될 수밖에 없
다. 신언서판(身言書判)이라 하여 자기표현도 중요한 소양이기 때
문이다. 그러나 말과 글의 표현능력이 중요하다 하여 표면연기를
하는 것은 바람직하지 않다.

chapter 1

글, 표현 지수를 높여라!

글을 쓴다는 것은 자기의 사상과 감정 그리고 역량을 기호·상징·도구를 이용해 다른 사람들에게 공포하는 행위다. 따라서 목적이 있는 글쓰기는 상대에 대한 배려가 전제되어야 한다. 글은 메시지를 담고 있을 뿐 메시지 자체가 아니기 때문이다. 독자에게 쉽고 편안하게 그리고 자연스럽게 전달자의 메시지가 전달되도록 주제, 구성, 어휘 등에 신경을 써야 한다. 자기소개서 작성하기, 추천서 쓰기, 기획서 작성하기, 문제해결 글쓰기, 성공자서전 쓰기 등 다양한 구조의 글쓰기 훈련을 해보자.

자기 점검 노트

정성평가에 대해서 친숙해져라.

입학사정관제를 효율적으로 준비하기 위해서는 정성평가에 대해서 친숙해져야 한다. 기존의 수치화된 정량평가에 익숙한 입장에서 보면 입학사정관전형은 추상적이고 주관적으로 보여 어디서부터 무엇을 준비해야 할지 막막하다.

아래에서 제시하고 있는 여덟 가지는 각 대학들이 사용하는 정성평가를 일반화해 정리한 것이다. 따라서 총 40개의 발문을 항상 볼 수 있는 곳에 두고 스스로 점검하고 정리하면서 언제까지 무엇을, 어떻게 준비해야 하는지 참고하도록 하자.

자기 비전 지수 글쓰기

• 꿈은 무엇인가.

- 전공하고 싶은 분야는.

- 지원하고 싶은 대학은.

- 입학 후 학업계획은.

- 졸업 후 진로는.

학업수학능력 지수 글쓰기

- 학교생활기록부의 교과영역은 충실한가.
  강점과목과 취약과목

- 학업관련 교내외 수상실적이 있는가.

- 학업성취도 추이는 어떠한가.
  중학교, 고1,2,3

- 모의고사 성적은 어느 정도인가.

- 전공 관련 경시대회에 출전한 적이 있는가.

리더십 지수 글쓰기

- 학생회장 및 학생회 간부 경험이 있는가.

- 학급반장, 부반장 등 경험이 있는가.

- 동아리 회장을 해본 적이 있는가.

- 각종 단체를 조직한 경험이 있는가.

- 단체 활동 관련 수상 실적이 있는가.

봉사와 특별활동 지수 글쓰기

- 봉사활동 관련 실적은 있는가.

- 동아리활동은 무엇을 했는가.

- 관심 분야 수상실적은 있는가.

- 전공 관련 독서활동은 했는가.

- 관심 분야 활동 내용은 기록해 두었는가.

문제해결능력 지수 글쓰기

- 어려움을 극복한 경험이 있는가.

• 목표가 좌절되었을 때 어떻게 극복했는가.

• 신체적 장애, 가정문제를 해결한 적이 있는가.

• 사회적 차별 등을 극복한 적이 있는가.

• 문제해결능력 관련기록은 있는가.

국제화 지수 글쓰기

• 토플 등 공인어학성적이 있는가.

• 학생부에 외국어 관련 이수 및 성적은.

• 국제단체활동 경험은 있는가.

• 해외활동 경험은 있는가.

• 외국어 능력을 입증할 수상 경험이 있는가.

인성 지수 글쓰기

• 자신의 강점.

• 자신의 약점과 극복노력.

- 가장 의미 있었던 일.

- 가장 존경하는 인물.

- 가훈과 좌우명.

- 행사계획 같은 것을 세워 본 경험이 있는가.

- 자신이 가장 자랑스러워하는 것이 있다면.

- 주위에서 엉뚱하다는 말을 들었던 경험이 있는가.

- 자신이 가장 심취했던 분야가 있다면.

- 창의성 관련 수상실적이 있는가.

⑥ 자기 점검, 생생 합격이야기

중학교 때 한창 방황을 하다가 저는 제 능력과 적성을 알아야겠다는 생각이 갑자기 들었습니다. 적성기관에 의뢰를 해 다양한 적성검사를 수차례에 걸쳐 실시한 결과, 경영과 사회에 뛰어난 적성이 있다는 것을 발견했습니다. 저는 적극적이고 활달한 외향적인 성격이어서 처음 보는 사람들이라도 쉽게 이야기를 건네고 친해질 수 있습니다.

이러한 장점으로 현재 진행 중인 Defence Corea 이라는 청소년 동아리를 만들고 현재 환경 분야의 리더로서 지구온난화와 관련된 프로젝트활동을 하고 있습니다. 팀원들이 프로젝트활동을 원활하게 진행할 수 있도록 도와주고 리드하고 있습니다. 또한 남아프리카공화국과 레소토왕국의 해외봉사활동을 할 때에는 팀장으로서 아이들을 인솔하는 역할을 했으며 현재까지도 지속적인 교류를 할 수 있게끔 이끌고 있습니다. 레소토 왕국의 대규모 스틸회사 사모님이신 Mrs. Anne Bothma를 만나 남아프리카공화국과 레소토왕국 사람들의 생활 실태에 대해 회의 및 토론을 하기도 했습니다.

또한 녹색 서울시시민위원회 산하기관인 CAP 운영위원장님께서 Youth CAP을 창설해 보라는 권유를 해주신 덕택에 Youth CAP을 창설해 공동대표로 있습니다. 아직 창설 중이지만 현재 청소년 대상으로 회원을 모집하고 활동을 기획하고 있습니다. 그리고 제14회 모의 유엔회의 고등학생 인턴십 서울시 대표로 발탁되어 반기문 사무총장님을 만나는 등의 경험을 통해 국제적인 리더가 되기 위한 준비를 하고 있습니다.

이렇듯 경영적인 자질과 뛰어난 사회성이 있는 반면, 진취적으로 일을 해나가는 것을 선호하는 탓에 오류를 범하는 경우도 종종 있습니다. 아이들을 끌고 갈 때 때로는 힘에 부치는 아이들이 있는데 그 아이들이 종종 독선적이라고 느끼는 경우가 있습니다. 또한 기획을 하는 과정에서 방향을 잘못 잡고 사전조사가 부족할 때 프로젝트가 중단되는 경우가 있었습니다.

예를 들어 Detence Corea의 경제 분야 프로젝트가 좋은 결과를 내지 못했습니다. 저는 이것을 해결하기 위해 계획서와 기획서 등을 꼼꼼하게 쓰고 하루를 마감할 때 '어떤 것에서 실수가 있었는지', '앞으로는 어떻게 해야겠다' 와 같은 반성을 합니다. 또한 나 혼자서 리드하고 그 조직을 이끄는 것이 아닌 팀원들을 성장시키는 동시에 나의 역량을 키우기 위해 항상 팀원들의 의견에 귀를 기울이고 한 발자국 뒤에 서서 팀원들의 입장에서 바라보며 내가 소속해 있는 단체가 원활하게 운영될 수 있도록 노력하고 있습니다. 무엇보다도 진정한 리더가 되기 위해 편안한 인상 속에서 나오는 카리스마를 기르기 위해 항상 거울을 보며 웃는 연습을 하고 있습니다.

저는 고등학교시절 한국을 지키고자 하는 청소년들이 주체적으로 만든 동아리인 'Detence Corea' 이라는 단체를 만들었습니다. 입시 위주의 교육에서 벗어나 21세기 미래를 이끌어갈 리더로 폭넓고 자유로운 생각과 활동을 기본원칙으로 구성되었습니다. 현재 환경영역, 역사영역, 문화영역, 교육영역 등의 분과로 나눠지는데 저는 환경영역에서 팀장을 맡아 지구온난화와 관련된 활동을 하고 있습니다.

역사영역, 문화영역, 교육영역에서는 팀원으로 활동하며 프로젝트에 참여하고 있습니다. 지구온난화 방지와 관련된 활동은 지구온난화의 현재 상태와 심각성과 청소년들이 할 수 있는 활동을 알리고 가정통신문으로 만들어 달라는 요청을 하기 위해서 전국 약 2500개의 초 · 중 · 고 교장 선생님께 편지보내기, 우리의 활동을 알리기 위해

Al Gore에게 편지 보내기, 약 1500명의 청소년을 대상으로 인지도 및 지식 설문 조사하기, 환경관련 인사들과의 인터뷰하기 등을 진행했습니다.

또한 시민단체 CAP의 큰 뿌리를 맡아 Youth CAP이라는 단체를 만들어 공동대표로 활동하고 있습니다. 역사영역에서는 우리의 역사를 지키기 위해 동북공정 저지운동을 했습니다. 사람들이 많은 곳에서 피켓을 들고 서 있으면서 사람들에게 동북공정의 심각성을 알리고, 지나가는 사람들에게 서명을 부탁했으며 우리 역사 지키기 캠페인을 했습니다. 저는 호주 자매고 교환 장학생으로 해외에 있었기 때문에 기획하는 단계까지 했습니다. 문화재영역에서는 서울 주변의 문화재를 탐방하고 그 문화재의 실태를 조사하는 프로젝트를 진행했습니다.

또한 우리나라 전국에 있는 국보 및 보물을 조사한 후 맵을 만들어 우리의 문화재에 관심을 가질 수 있는 활동을 했습니다. 교육영역에서는 정권이 바뀜에 따라 오랫동안 비난 받아오던 교육제도에 또다시 여론이 집중된 시기에 한국과 세계의 선진국이라 불리는 미국과 유럽, 영국의 교육제도와 비교하는 프로젝트를 했습니다. 프로젝트를 기획하면서 팀원들과의 회의를 통해 서로의 마찰을 좁히면서 상대방을 존중할 줄 아는 자세를 배웠고 프로젝트를 진행하는 중에는 팀워크와 협동심을 배웠습니다.

또한 프로젝트를 마친 후에 토론을 하고 보고서를 쓰면서 보고서 쓰는 방법을 배웠습니다. 프로젝트를 하는 도중에 문제가 생기면 그것을 해결하고 대처하는 방법을 배웠습니다. 이 모든 저의 교외활동은 제가 사회인이 되기 위한 준비를 하는 과정으로써 저의 성장에 큰 도움을 주었습니다.

제가 가장 관심을 기울인 사회문제는 전 세계 곳곳에 퍼져 있는 기아, 난민, 고아, 환자들의 빈곤 및 질병문제입니다. 저는 이것을 실질적으로 알아보고 직접 눈으로 확인해 보기 위해 해외봉사활동을 두 차례나 다녀왔습니다. 우선 현지상황을 알아보기 위해 고아, 기아, 에이즈환자, 비행청소년기관, 양로원 등을 방문해 봉사활동을 했습니다. 봉사활동을 하는 도중에 과연 '봉사활동 기관이 얼마나 효율적으로 운영되고 있는가? 실질적으로 현지인들에게 얼마나 도움이 되고 있는가? 질적으로 성장을 하고 있는가?' 등의 의문점이 있었습니다. 그래서 저는 다음과 같은 계획을 했습니다.

우선 경영학적 관점으로는 봉사활동기관을 어떻게 운영할 것인지 고민해 보았습니다. 한 번 왔다 가는 그러한 봉사활동이 아닌 정기적인 후원과 함께 교류를 할 수 있는 시스템을 만들어 양쪽 모두에게 의미가 있는 진정한 봉사활동이 되기 위해 정기적으로 봉사활동을 오는 단체와 정식 후원 기관으로 정해서 지속적인 교류가 이루어질 수 있게끔 시스템을 만들 것입니다.

또한 제가 봉사활동을 다녀온 곳 중 대부분의 청년들은 한참 일할 수 있는 나이인데 봉사자들의 손길만을 기다릴 뿐 자발적으로 돈을 벌어 생계를 꾸려나갈 생각을 하지 않는 나태함을 보이고 있었습니다. 이것을 해결하기 위해 저는 그들을 교육시키는 프로그램을 진행할 것입니다. 교육기관에 자문을 구해서 청년들에게 취업과 관련된 교육을 시켜 자원봉사자들이 없어도 스스로 자립할 수 있는 자생력을 키울 수 있도록 할 것입니다.

  뿐만 아니라 초, 중, 고, 성인 모두에게 성교육, 응급처치 등과 관련
된 건강교육을 제공해서 그들을 위협하는 질병을 예방하는 방법을
알려줄 것입니다. 그리고 제가 미국 아이비리그를 두어 번 방문하면
서 보고 느낀 미국 학생들의 공부방법과 미국학생들이 자신의 진로
를 찾기 위해 하는 적성검사를 아프리카 어린이들에게도 제공해서
아이들이 비전을 세우고 그 비전을 위해 노력할 수 있게끔 지도하는
시스템을 갖출 것입니다. 그리고 제가 경영인이 되어 경제적으로 안
정이 된다면 학교, 병원 등을 설립해 그들의 삶의 질을 높여주고 싶
습니다.

  저는 고등학생 때는 단순한 성적을 위해 공부하는 것보다 학교 친구
들과 다양한 체험을 하는 것이 더 중요하다고 생각합니다. 성적을 위
해 공부하는 것은 대학생이 된 후 자신이 원하는 전공 분야에서 전문
가가 되면 된다고 생각합니다. 제가 호주 자매교에 장학 교환학생으
로 약 3개월 동안 공부를 한 적이 있습니다. 그곳에서는 자신이 원하
는 과목을 골라서 수업을 들었습니다. 모든 수업에 기본적인 이론 수
업이 있었지만 이론 수업보다는 체험, 실험과 같은 수행평가에 집중
을 두었습니다.

  예를 들어 Food Class에서는 세계 각국의 전통 음식을 만들어서 수
행평가를 하고 Geography시간에는 Bush를 직접 탐방하고 기록하
면서 실제로 체험하고 느끼는 활동을 했습니다. 일주일에 한 시간은
진로탐색 시간으로 선생님의 조언과 함께 자신의 장래희망을 결정하
는 시간도 있었고, 학생들의 체력을 관리하기 위해 Sports Day가 있

어 격주로 4시간 연속 자신이 좋아하는 운동을 했습니다.

Science시간에는 이론을 먼저 배운 후 실험을 하는 것이 아니라, 학생이 먼저 한 주제에 대한 실험을 하고 직접 결론을 도출하는 방법으로 수업을 진행했습니다. 이러한 수업들은 학생들의 창의력과 학업성취도를 향상시켜주는 것뿐만 아니라, 친구들과 함께 어울리는 방식으로 팀워크와 리더십을 고루 성장시킬 수 있었습니다.

한국에서 하는 수행평가로써 도움이 된다고 생각하는 것은 프레젠테이션입니다. 친구들과 함께 하는 것은 아니지만 많은 사람들 앞에서 당당한 모습으로 자신감 있게 발표하는 방법을 배울 수 있었던 시간이었습니다. 만약 프레젠테이션을 하는 동안 실수를 한다면 위기상황을 재치 있게 모면하는 대처법을 배울 수 있습니다.

저는 이렇듯 이론적인 수업에만 충실히 하는 수업이 아닌, 연구를 하고 스스로 결론을 만들어가는 형태의 수업을 선호합니다. 결과보다는 과정에 만족하고 그 과정 속에서 결론보다 더 중요한 많은 것들을 배울 수 있기 때문입니다.

콕콕, 합격 포인트 찾기!

자기소개서 작성
노트

꿈은 무엇이며, 그것을 성취하기 위해서 무엇을 어떻게 준비해 왔는가?

 입학사정관전형에서는 1단계 서류접수 시 반드시 자기소개서를 요구한다.

 자기소개서는 대학전형마다 그 형식이 다르다. 그러나 자기소개서를 통해 보고자 하는 내용은 대학마다 크게 다르지 않다. 즉 꿈은 무엇이며, 그것을 성취하기 위해서 무엇을 어떻게 준비해 왔으며, 학생이 지니고 있는 특징은 무엇이며, 전공을 통해 무엇을 배워서 사회에 나가 개인과 학교의 이름을 빛낼 것인가 하는 것에 있다.

 이러한 내용을 평소에 일관성 있게 생각하고 정리해 둔다면 훌륭한 자기소개서를 작성할 수 있다.

지원 동기와 포부

- 전공학과 지원동기
- 지원 대학 지원동기
- 비전제시

교과, 비교과 활동

- 교과활동
- 비교과활동

나의 성장 과정과 나의 특징

- 성장과정 소개
- 장점, 강점 소개
- 약점 및 극복노력 서술
- 의미 있었던 경험 소개

학업계획 및 진로

- 전공 관련 학습활동계획
- 자기계발 활동계획
- 졸업 후 진로계획

📖 자기 소개서 작성, 생생 합격이야기

어려서부터 어른들께서는 저에게 커서 무엇이 되고 싶으냐고 많이 물어보셨습니다. 저는 그때마다 항상 "제가 하는 일로 전 세계 사람들에게 도움을 줄 수 있는 그런 사람이 되고 싶어요."라고 대답했습니다. 이렇게 꿈은 크게 가지고 있었지만 정확히 어떤 직업을 가져야겠다고 결정은 하지 못했었습니다. 단지 신문을 통해 아직도 많은 나라에서는 빈민문제와 난민문제로 힘들어하고 있으며, 제가 그들에게 도움을 줄 수 있는 방법은 무엇인가에 대해 막연히 생각해 보고 있었습니다.

그러던 어느 날 텔레비전 뉴스를 보면서 어떤 한국여성이 UN에서 영어로 회의를 진행하는 모습과 재난지역에서 사람들을 도와주는 모습을 보게 되었습니다. 그때 저 역시 저런 곳에서 일하고 싶다는 강한 욕구를 느끼게 되었습니다. 그녀는 세계 평화를 위해 일하고 있었고, 그 모습을 보며 저것이야말로 진정 제가 원하는 삶이라는 것을 직감적으로 느낄 수 있었습니다. TV를 통해 UN에서 사람들이 일하는 모습을 보고 저의 진로를 더욱 확신하게 된 것입니다.

그 후 저는 앞으로 제가 어떻게 해야 하는지에 대해 진지하게 생각해 보았습니다. 제가 앞으로 국제기구에 들어가 난민이나 빈민에 관련된 일을 하기 위해서는 국제정치학을 배워야 하며, 이것과 관련된 것들을 배우기 위해서는 정치외교학과에 입학해야겠다고 생각했습니다. 그래서 고등학교 때는 사회공부에 집중하게 되었고, 정치과목을 선택해 전체적인 윤곽을 익히며 학업에 열중했습니다. 좋아하고 관심 있는 분야를 공부하다 보니 더욱 열심히 하게 되었고, 결국 우수한 성적을 거둘 수 있게 되었습니다. 국제적이고 사회적인 뉴스에 많은 관심을 가지고 있었기 때문에 신문을 열심히 읽게 되었고, 이로 인해 깊이 있고 폭넓은 사고를 할 수 있게 되었습니다. 신문을 읽으면서 한자의 중요성도 깨닫게 되어 한자능력시험을 준비했고, 결국 한자능력 4급 공인 민간자격증도 취득하게 되었습니다.

또한 영어공부가 중요하다는 것을 인식한 저는 영어능력 향상을 위해 많은 노력을 기울였습니다. 평소에 영어로 말하기를 좋아했던 저는 많은 연습을 했고, 그 결과 발음도 좋아지게 되었습니다. 2학년 때에는 영어 선생님의 신임을 얻어 영어발표 시간에 읽기 도우미를 맡기도 했습니다. 같은 해에 교내 영어경시대회에서 금상을 수상하기도 했습니다. 그동안 저는 제 꿈을 이루기 위해 노력해 왔으며, 앞으로는 더욱 열심히 노력해 저의 소망을 반드시 이루고자 합니다. 민족전통을 기반으로 하고, 세계적인 대학으로 나아가고 있는 ○○○대학교에서 저의 꿈에 날개를 달아줄 것이라고 확신했기 때문에 사회과학계열에 지원하게 되었습니다.

대학교에 입학하게 되면 세 가지 목표를 반드시 이루어나갈 것입니다. 첫 번째는 학과공부에 충실해 4년 내내 장학금을 받을 것입니다. 1학년 때에는 교양과목 공부와 전공 기초공부에 전념할 것입니다. 관심 분야가 다양한 저에게 지적욕구를 채워주는 좋은 기회이기 때문이고, 기초를 튼튼히 하는 것은 제 꿈을 이루는 밑바탕을 다지는 중요한 일이라고 생각하기 때문입니다. 2학년 때는 정치외교학과에 진학해 전공과목을 들으며 열심히 공부할 것이며, 더욱 깊이 있게 공부하기 위해 전공과 관련된 다양한 책들을 읽을 것입니다.

두 번째로 어학공부를 열심히 해 세계인으로 나아가는 데 도움이 되도록 할 것입니다. 영어를 제2의 모국어 실력으로 쌓고, 교환학생 때 새로운 문화를 직접 체험하며 많은 것을 배우고자 합니다. 유창하게 말하고 토론할 수 있는 영어실력을 갖추기 위해 외국인 친구들도 사귀고 영어원서 책과 영자신문도 볼 것입니다. 여유가 된다면 UN공식 언어이기도 한 프랑스어도 열심히 배울 것입니다.

마지막으로 국제기구 UN인턴십에 참가하고 방학 동안에는 국제자원봉사 활동을 할 것입니다.

콕콕, 합격 포인트 찾기!

[!] 자기소개서 작성, 생생 합격이야기

고등학교에 입학하기 며칠 전, 아버지께서 작고 얇은 책 한 권을 읽어보라며 저에게 선물로 주셨습니다. 〈돈키호테〉라는 영어책이었습니다. 비록 다 아는 내용이었지만 영어로 되어 있다는 사실 하나만으로 호기심에 가득 차서 책을 읽기 시작했습니다. 처음에는 조금 어려웠지만 사전과 문법책을 찾아가며 한 쪽씩 해석하기 시작했고, 어느

새 책 속에 푹 빠져 있는 제 모습을 발견하게 되었습니다. 그때부터 영어를 깊게 배워보고 싶다는 생각을 갖게 되었습니다. 다른 나라 언어를 완전히 이해하는 것은 힘들겠지만 영어문학을 접해 보고 싶었고 번역된 것이 아닌, 원어 그대로의 감동을 느껴보고 싶었습니다.

아울러 이들 문학작품이 쓰인 사회적, 역사적 배경도 함께 공부해 보고 싶은 생각이 들었습니다. 그렇게 고등학교생활을 하며, 남들보다 한발 앞선 영어능력을 습득하고자 하는 욕구가 점점 커졌습니다. 의사소통능력뿐만 아니라 영어에 대한 기본 소양이나, 문학적인 눈도 키우고 싶었습니다. 그리하여 영문과에서 많은 경험과 지식을 축적한 후 한국문화와 영어문화 교류의 교량역할을 하고 싶습니다.

저는 대학에 입학했다고 여유를 부리거나 나태해지지 않을 것입니다. 2학년이 되기 전, 지금까지 읽지 못했던 서양의 고전들을 탐독해 깊이 있는 영어문학을 배우기 위한 기본소양을 쌓을 것입니다. 우선 학교 교육과정에 충실하고 교육언어소통능력을 향상시키기 위해 개인적으로 노력할 것입니다. 요즘과 같은 세계화 시대에서는 영어가 누구에게나 필수적인 요소라고 생각합니다.

그렇기 때문에 저는 영문과 학생으로 남들보다 더 다양하고 전문적인 영어 분야의 지식을 갖추어야 한다고 생각합니다. 좀 더 깊이 있는 공부를 위해 방학을 활용해 영어문화권의 문화체험과 언어소통능력 향상을 위해 문화탐방 배낭여행 및 어학연수를 다녀올 생각입니다.

2학년이 되어서는 많은 영어문학작품, 그리고 다른 사람이 쓴 영문으로 된 글들을 접하고 제 생각을 논리적으로 정립해 나가는 연습을 할 것입니다. 문학뿐 아니라 여러 이론적인 언어에서도 전문적인 지식을 쌓은 후 훌륭한 교육자로의 성장을 위한 소양을 쌓을 예정입니다.

　3·4학년 때에는 전공심화과목에 전념할 것이며 아울러 교직 이수도 목표로 세워 졸업 후 장래 꿈을 이루기 위한 준비도 병행할 것입니다. 이렇게 다양한 경험과 전문적 지식을 쌓고, 사회에 봉사할 수 있는 미래를 위해 노력함으로써 인류사회에 이바지하는 사람이 되도록 노력할 것입니다.

콕콕, 합격 포인트 찾기!

추천서 작성 노트

업무를 줄이는 한이 있더라도 추천서만큼은 반드시 현장교사가 작성하자.

  우리 사회는 추천문화가 일반화되기는 아직 이르다. 첫째는 뿌리 깊은 연고주의와 집단 이기주의가 결합해 지인 감싸기 문화가 대세를 이루고 있기 때문이다. 이렇게 되면 평가 자료로써 신뢰성을 잃게 되는 것은 당연하다. 또 다른 이유는 추천서 쓰기 훈련의 부족이다. 물론 교사들의 여러 가지 업무에다 다수의 학생들을 관찰하고 그것을 짧은 입시철에 학생마다 다른 대학들이 요구하는 양식에 맞추어 추천서를 작성하기란 여간 어려운 것이 아니다. 하지만 앞으로는 교사들이 감당해야 할 몫이다. 다른 부분의 업무를 줄이는 한이 있더라도 추천서만큼은 반드시 현장교사가 작성하자. 그것이 우리 교실을 살리고 교권을 살릴 수 있는 길이다. 아래 제시된 워크지 형식에 맞추어 평소에 습작 훈련을 해보자.

★ **지원자와의 교류기간**

년 월 일 ~ 년 월 일 만 개월

★ **지원자와의 관계**

OO교사, OO시설장, OO기관장, OO단체장

단, 지원학교 교직원, 학원 강사, 학원장, 과외교사, 본인, 가족, 친척, 친구는 제외

★ **지원자의 재학/출신/활동 학교(기관, 단체)의 특징적인 교육방침,
교육과정, 특수활동 등**

★ **추천인이 지원자를 어떻게 알게 되었는지 경위 서술**

★ **추천인이 지원자를 관찰한 내용**

• **인성 분야**

- 강점 , 약점
- 대인관계
- 인격적 성숙도
- 현실세계에 대한 긍정적 태도
- 자기조절능력
- 약자에 대한 배려
- 시민의식
- 기타 인성관련 특이사항

• **학업수학능력 분야**

- 학습태도
- 학습능력
- 잠재력
- 전공 소양
- 관심과 열정
- 기타 학업관련 특이사항

• 리더십 분야

- • 임원활동
- • 자치활동
- • 행사활동
- • 교외 단체활동
- • 기타 리더십관련 특이사항

• 봉사활동 분야

- • 자발성
- • 지속성
- • 진정성
- • 기타 특이사항

• 창의성 분야

- • 수행평가
- • 대회
- • 기타 특이사항

• 문제해결능력(도전정신) 분야

- • 상황
- • 사건
- • 행사
- • 기타 특이사항

• 특수재능 분야

- • 어학
- • 문학
- • 창작
- • 논술
- • 수학
- • 과학
- • 정보
- • 출판
- • 무형문화
- • 전통기능
- • 발명 및 특허
- • 연예활동
- • 예술활동

- 경시대회
- 자격증
- 임명장
- 기타 특이경력 사항

● **국제화 분야**

- 외국어 공인 성적
- 국제단체활동
- 해외활동
- 기타 특이사항

● **가정환경 및 성장과정**

- 지원자의 가족관계
- 지원자의 가정환경
- 지원자의 성장과정
- 기타 특이사항

★ **추천이유**

● **지원 학교와 관련하여(진학동기, 목표의식)**

● **지원 학과와 관련하여(전공일치도, 전공적성)**

★ **추천인이 본 지원자의 비전**

● **지원자를 한 단어로 표현한다면**

● **개인적 자기실현 가능성**

● **사회적 자기실현 가능성**

추천자가 본 지원자는 특유의 친화력과 탁월한 리더십 역량을 갖춘 학생입니다. 3월 개학 첫날, 서로 서먹서먹하고 어색한 분위기였는데도 불구하고 지원자는 저에게 먼저 다가와 방긋 웃으며 인사를 건네던 기억이 생생합니다. 또한 다음 날부터는 새로운 친구들을 주도적으로 사귀어 학급 분위기를 밝게 해주었습니다. 이러한 친화력과 리더십은 학급회장으로 이어졌고 더 나아가서 전교회장 당선으로 그 빛을 발했습니다. 이와 같은 능력이 더 큰 의미를 주는 것은 지원자는 1학년 일 년 동안 캐나다 유학생활 때문에 그 공백이 커서 알고 지내는 친구들이 거의 없는 상황 속에서도 강한 의지와 도전정신으로 스스로 당선된 점입니다. 지원자는 전교회장직을 수행함에 있어서도 임원회의와 행사를 주도적으로 이끌어 다른 교사들에게도 칭찬을 많이 받았습니다.

 지원자의 이러한 장점은 때로 약점으로 나타나기도 합니다. 지원자는 모든 면에서 뛰어나다 보니 자신의 실수를 잘 받아들이지 못하는 경향이 있었습니다. 그래서 한번은 조용히 불러 "이 세상에 완전한 사람은 없다. 돌아가신 김수환 추기경조차도 스스로 '바보'라고 말하며 자기를 돌아보라고 하셨단다."라는 말을 해준 적이 있습니다. 그 후부터는 자신에 대한 충고나 지적을 받아들이려 노력하는 태도를 엿볼 수 있었습니다.

 지원자의 학습능력은 어느 일부 과목에 치우치지 않고 고루 탁월합니다. 특히 국어와 사회 분야에 관심을 많이 보였습니다. 국사시간에

'역사신문 만들기' 프로젝트 수업을 진행한 바 있습니다. 그때 지원자는 원효와 세종대왕에 대해서 조사하고 발표했습니다. 그는 발표에서 '원효는 당나라에 유학을 가지 않고도 훌륭한 학자가 되어 도리어 중국에 이름을 날렸고, 세종대왕은 집현전 학자들의 만류에도 불구하고 훈민정음을 만들어 우리나라 사람들에게 자긍심을 심어준 점'을 들어 국제화, 세계화 시대에 우리나라의 정체성과 주체성 확립이 절실함을 강조했습니다. 그 답변을 듣고 저는 '지원자가 우리나라에 대한 남다른 애정을 갖고 있구나.' 하는 생각을 했습니다.

지원자는 교우관계에서도 모범을 보였습니다. 3월 초에 있었던 일입니다. 저희 학급에 성격장애 학생이 한 명 있었는데 주위의 학생들이 외면해 소위 왕따 사건이 일어났습니다. 담임으로서 아이들에게 여러 번 주의를 주었지만 쉽게 해결되지 않아 걱정을 하고 있었습니다. 그런데 어느 날부터인가 그 학생과 지원자가 함께 어울려 다녔습니다. 직접 불러 칭찬을 해주고 싶었지만 꾹 참고 마음속으로만 '기특한 아이'라고 생각하며 고마워했던 기억이 납니다.

1학년 3월 초에는 풍물 동아리에도 가입해서 선배들과 어우러져서 열심히 하는 것도 지켜보았습니다. 그리고 학교 축제 때에도 자기의 역할에 열심이었습니다. 그런데 1학년 때 언제인가 성남에 있는 '외국인 노동자의 집'에 자원 봉사활동을 나가야 된다는 이야기를 들었습니다. 알고 보니 이미 중학교 3학년 때부터 서울 특별시립 청소년 활동 진흥센터 소속의 '다문화 봉사단'의 일원으로 봉사활동을 해왔었고, 이 활동을 통해 이주 노동자들이 처해 있는 현실과 여건을 보고 인간과 사회를 보다 따뜻하게 바라볼 줄 아는 학생으로 성장할 수 있었습니다. 이런 여러 가지의 경험들을 통해 3학년이 되어서는 구체적으로 동북 아시아사 쪽의 근대사를 공부해 보고 싶다는 구체적인 희망을 애기하기도 했습니다.

지원자의 남다른 특수재능은 영어실력입니다. 특히 영어 말하기에 자신이 있었던 지원자는 1학년 때부터 지금까지 교내 영어 말하기대회에서 줄곧 최우수상을 놓치지 않았으며, 그 역량이 인정되어 시교육청 주관 영어 말하기대회에 저희 학교대표로 뽑혔습니다. 말하기뿐만이 아니라, 영어수업에서도 유감없이 자기의 영어실력을 발휘했습니다. 영어로 다른 사람들에게 제대로 소통할 수 있다는 것, 그리고 자신만의 뚜렷한 꿈과 목표가 있다는 것, 이것이 바로 대학에서 요구하는 글로벌 인재상이 아닌가 생각합니다.

이 추천서를 쓰면서 지원자는 요즘 보기 드물게 학습에 대한 열정과 리더십 역량이 남다르고 자신의 꿈을 이루기 위한 노력과 실천을 하는 학생임을 느낍니다. 아직 인생에서 걸음마 단계의 고등학생이지만, 지금까지 갈고 닦은 소질과 적성을 구체화하고 전공심화학습을 한다면, 지원자 자신뿐만 아니라 우리 국가사회에도 큰 역량을 발휘할 잠재가능성이 충분하다고 사려 되어 이 학생을 강력히 추천합니다.

콕콕, 합격 포인트 찾기!

기획서 작성 노트

합리적이고 논리적이며 자신감이 넘치는 기획서를 작성하라.

　입학사정관제에서는 자율적이고 창의적인 체험활동을 높이 평가한다. 따라서 학생회활동, 자치활동, 교외활동 등에서 주도적으로 사업을 진행해야 한다. 여기서 주도적 사업이란 기존의 제도나 관습, 관행적 행사 등을 개선하는 것이나, 기존에 없는 것을 필요에 따라 신설하는 것을 뜻한다.

　이러한 사업의 시도는 개혁성을 지니기 때문에 반드시 어려움(반대자)에 봉착하는 경우가 많다. 이때 필요한 것이 기획서이다. 합리적이고 논리적이며 자신감이 넘치는 기획서를 제시함으로써 불가능해 보이는 사업을 이루는 경우가 많다.

• 제목 쓰기	메시지가 한눈에 들어오도록 명확한 언어 사용.
• 목차 쓰기	전체내용의 흐름을 단번에 꿰뚫어 볼 수 있는 구성.
• 서론 쓰기	기획의도가 명확하게 드러나야 한다. 새로운 시도가 왜 필요한지 강한 인상을 주어야 한다.
• 본론 쓰기	현실상황을 정확하게 인식하도록 한다. 원인과 결과 / 과거 · 현재 · 미래 비교 등 사업계획은 치밀하게 제시하라. 반대의견에 대한 대책까지 제시 사업진행 전과 후의 기대효과를 대비적으로 제시하라.
• 결론 쓰기	간단하면서도 사업진행에 대한 자신감을 어필하라.

🔲 기획서 작성, 생생 합격이야기

　학생회장으로 당선되기 전, 2학년으로 올라오며 주의 깊게 살펴보았던 학급 게시판에서 학생기획단을 모집한다는 서울시교육청의 공문을 보고 자기소개서와 지금까지 제가 해왔던 일들을 정리한 문서를 준비하고 면접을 준비했습니다. 작년 학생기획단 면접에 응시했던 3학년 선배가 있어 면접장의 분위기를 듣고 준비를 했습니다. 면접장에서 본 친구들은 모두 경력도 화려하고 당당하고 능력이 출중해 보였기 때문에 기가 죽기도 했습니다. 하지만 차분한 마음으로 면접에 임했고 합격을 해 12명의 학생기획단의 일원이 될 수 있었습니다.

학생기획단이 되고 나서 가장 먼저 기획단끼리 친해지기 위해 노력했습니다. 6개월이라는 시간 동안 자주 만나고 함께 일을 해나가야 하기 때문에 이름도 빨리 외우고 얼굴도 익히기 위해 노력했습니다.

지도 선생님께서 가장 강조하신 점은 자긍심이었습니다. 서울학생을 위한 가장 큰 축제를 기획하는 것에 책임감을 가지며, 서울학생 160만 명을 대표하는 '160만분의 1'이라는 슬로건 아래 항상 자긍심을 가지고 열심히 임하고자 했습니다.

가장 먼저 축제 전체의 슬로건은 기획단 모두가 여러 번의 회의를 거쳐 『꿈 그리고 미래를 향한 도전』으로 결정했습니다. 각자 원하는 문구가 있어서 처음에는 의견을 맞추는 것도 힘들었고, 시간도 오래 걸렸지만 함께 만들어낸 슬로건이 축제 홍보물 등 행사와 관련된 곳에 모두 걸려 있는 것을 보고 뿌듯함을 느꼈습니다. 개막식 구상으로는 교내 축제와는 다른 엄청난 규모에 깜짝 놀랐던 것이 기억납니다. 모일 때마다 12명은 각자 가상 시나리오를 구상해 왔고, 여러 번의 회의를 거쳐 새로운 아이디어를 생각해냈습니다. 또 각자 아이디어를 내는 것에 그치지 않고 상대방 의견과 나의 의견을 합쳐 새로운 무대를 만들어내기도 했습니다. 무대 조명과 현수막을 설치할 수 있는 위치, 무대 뒤 대기실 위치 등 세세한 부분까지 체크했고 무대 설치뿐만 아니라 공연할 팀을 찾는 데 있어서도 인터넷이나 지인들을 통해 정보를 얻었습니다. 또한 공연 콘셉트에 가장 적합한 유능한 학생 팀을 구성하기 위해 열심히 발로 뛰었던 기억이 납니다.

행사장이었던 과천 어린이대공원을 꾸밀 때에는 새로 비용을 들여 현수막 제작하는 것을 지양하고, 작년 행사 때 사용했었던 포스터나 현수막 등을 오려 새롭게 손으로 꾸며서 실속있게 동아리한마당을 꾸려나갔습니다.

 사실 처음에는 다재다능한 기획단 친구들 사이에서 열등감에 휩싸이기도 해 그만두고 싶을 때도 있었습니다. 하지만 그것을 기회 삼아 제 자신의 열등감을 회복하고 싶었고, 인정받고 싶은 마음도 있었기 때문에 다른 친구들보다 회의에 더 적극적으로 참여하고 열심히 뛰어다녔습니다. 본 행사 말고도 학생 기획단의 행사를 기획했는데, 이때 제가 회장을 하며 아이디어를 냈던 교내축제 이벤트가 떠올라 회의 때 발표했습니다. 그 이벤트의 준비부터 운영까지 맡게 되어 좋은 반응을 얻었을 때 저는 자신감을 회복할 수 있었습니다. 시험기간이나 여름방학 기간에도 모두가 정말 열심히 준비했기 때문에 서울학생동아리한마당은 11주년을 기념해 대 성황리에 마무리될 수 있었습니다.

 약 7개월간의 활동을 마치고 나서 기획단 친구들과 정이 너무 많이 들어 모두 눈물을 흘리며 아쉬워했습니다. 함께 힘들고 즐거웠던 시간이 추억으로 남았습니다. 기획단 동료들은 지금 모두 둘도 없는 친구가 되었습니다. 물론 함께 행사를 기획하며 아쉬운 점도 있었지만, 이 점은 모두 내년의 후배 기획단에게 전해주고 선배로서 많은 도움을 주자는 다짐을 했습니다.

 서울학생동아리한마당을 하면서 재능있는 친구들을 만나고, 처음 신문기사에도 실려보고, 뉴스에서만 볼 수 있었던 사람들을 직접 만나보며, 현장 답사 등을 통해 신기하고 새로운 경험을 많이 했습니다. 지도교사 선생님께서 항상 강조하던 '160만분의 1'이라는 슬로건 아래 활동을 마친 지금까지도 학생기획단으로 활동한 일이 너무나 자랑스럽게 느껴집니다.

저에게 있어 기획단 활동은 새롭고 다양한 경험을 통해 미리 사회를 경험하게 해주었을 뿐만 아니라, 교내축제보다 체계적이고 구체적인 '기획'이라는 것을 직접 체험하고 배우게 된 계기였습니다. 이를 통해 저는 예술 경영 분야에 있어서 더욱더 깊은 관심을 가지게 되었고 체계적으로 알아보고자 했습니다. 또한 예술 경영가를 향한 저의 꿈이 조금 더 또렷해졌습니다.

🖱️ 콕콕, 합격 포인트 찾기!

문제해결 노트

평소에 논리적으로 듣고, 논리적으로 말하고,
논리적으로 읽고, 논리적으로 쓰는 연습이 필요하다.

　입학사정관전형을 준비하려면 논리적 사고와 논리적 표현은 기본이다. 자기소개서 쓰기와 포트폴리오 작성 그리고 면접 등 전형요소를 자세히 들여다보면 한 사람의 복합적 역량을 단계적으로 테스트하게 되어 있다. 그 요소 하나하나마다 이치에 맞는 생각을 하고 있는지, 적합한 개념어를 구사하고 있는지를 살핀다.

　따라서 평소에 논리적으로 듣고, 논리적으로 말하고, 논리적으로 읽고, 논리적으로 쓰는 연습이 필요하다. 아래에 제시된 워크지는 논리적 문제해결의 가장 기본적인 틀이다. 반복적인 훈련을 해 논리적 사고와 표현능력을 기르자.

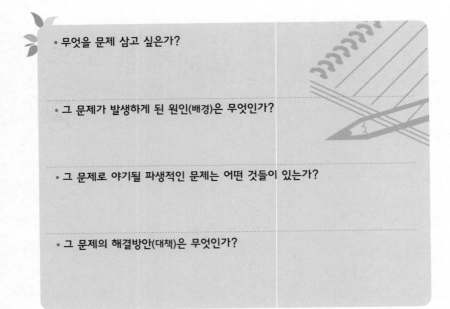

- 무엇을 문제 삼고 싶은가?

- 그 문제가 발생하게 된 원인(배경)은 무엇인가?

- 그 문제로 야기될 파생적인 문제는 어떤 것들이 있는가?

- 그 문제의 해결방안(대책)은 무엇인가?

⚡ 문제해결, 생생 합격이야기

저는 1학년 때 전학을 가게 되었습니다. 새로운 환경에서 새 친구들을 많이 사귀고 빨리 적응하고 싶어 난생 처음 면접이라는 것을 보고 학생회 임원이 되었습니다. 축제 준비, 학생의 날 행사 등 크고 작은 여러 활동을 하는 선배들을 지켜보며 자연스럽게 '나도 저 자리에 서게 된다면 잘 해낼 수 있을까?' 라는 생각이 들었고, 회장이 된다면 해내고 싶은 일들이 생겼습니다. 그래서 2학년 때 마음이 맞는 학생회 동료와 러닝메이트로 선거를 준비했으며 출마해 당선이 되었습니다.

회장에 당선되고 나서 시작한 첫 행사는 학교축제였습니다. 일 년에 한 번 있는 축제를 위해 최선을 다한 준비로 전교생에게 잊을 수 없는 고교시절의 추억을 만들어주고 싶었습니다.

 준비하는 과정에 있어서 이전까지 해왔던 방식과는 달리 능력에 맞는 있는 일이 있다면 직책에 크게 신경 쓰지 않고 적임자를 찾아 일을 분배했고 절차에 얽매이지 않도록 노력했습니다. 타 동아리 부장들과도 친목을 유지해 일을 할 때 유연성을 발휘할 수 있었습니다. 이와 같이 준비하다 보니 훨씬 빠르고 효율적으로 기획할 수 있었고, 축제 내용도 작년에 비해 많이 개선되었다는 평을 받았습니다. 축제 후, 전교생과 선생님들을 대상으로 설문조사를 해 다음 축제에 그 의견을 반영할 수 있도록 했습니다.

 두 번째로 진행한 일은 학생회 인터넷 클럽 개설입니다. 온라인상에 학생회 카페가 있었지만 전혀 활성화되지 못했기 때문에, 비교적 학생들이 더 많이 이용하는 싸이월드에 클럽을 개설해 참여를 늘리도록 했습니다. 클럽은 학생회의 친목도모뿐만 아니라, 졸업한 선후배 간의 교류, 우리 학교 학생이라면 누구라도 이용할 수 있도록 건의사항과 입시정보 게시판도 만들었습니다. 또한 학생회 사업 소개와 임원을 소개하는 게시판도 만들어 학생회 홍보를 시도했습니다. 현재는 학교 홈페이지의 기능과 겹친다는 비판과 홍보 부족으로 많은 학생들이 클럽을 활용하지 못하고 있지만 차기 학생회 임원단에도 이 사업을 인수인계해 인터넷 사업을 활성화시키려고 노력 중입니다.

 세 번째로 한 일은 동문회 활성화입니다. 학교에 여러 행사가 있을 때마다 많은 선배님들을 초대하고 싶었지만, 연락망이 잘 정리되어 있지 않아 동문회 활성화의 필요성을 강하게 느꼈습니다. 졸업생과 재학생의 교류를 늘리고 동문회가 조금 더 체계적으로 관리되어야 하고 졸업생들의 참여율을 높여야겠다고 생각했습니다. 그래서 교장 선생님을 비롯해 동문회장님과 지속적으로 대화를 시도하고 역대 학생회 연락망을 재정비하고 있습니다. 하지만 하루 빨리 이루어질 수 있는 사업이 아니기 때문에 이 역시 지금도 진행 중인 일입니다.

회장선거 당시 내세웠던 생활복 제작 공약은 생각보다 실현하기 쉬운 일이 아니었습니다. 교복업체와 학교, 학부모회의 이해관계가 얽혀 있었기 때문에 대의원 회의를 통한 건의에도 학교 측에서 받아들여지지 않았으나 학생들이 강력하게 원했기 때문에 학생회가 직접 발로 뛰며 전교생 서명운동을 했습니다. 하지만 이 사업은 학부모 운영위원회의 반발로 쉽게 진행되지 못하고 있는 상태입니다. 이외에도 교내 사업으로 항시 건의함 설치, 급식 설문조사, 점심시간 교체 등 최대한 학생들의 의견을 듣고 실현하려고 노력했습니다.

회장의 임기를 마치고 나니 무엇보다 아쉬운 감정이 가장 앞섰습니다. 하고 싶은 일은 많았지만 그것들을 다 이뤄내지 못한 것, 학생회를 조금 더 발전시키지 못한 것 등 부족했던 일들만 생각났고 '지난 일 년간 내가 잘 해왔나.' 하는 불안한 마음이 들기도 했습니다. 또 일 년 동안 학생회장으로 지내며 학생회 임원 간 단합된 모습으로 끝까지 따라준 것과 학생회장으로서 경험할 수 있는 다양한 사람들과의 만남, 토론대회와 같은 수많은 경험을 할 수 있었던 것에 대해 감사한 마음 역시 컸습니다.

또한 리더로서 필요한 자질이란 무엇인가 되돌아보게 되었고, 자신에게 부족한 것은 무엇인지 고민하게 되었습니다. 회장 임기는 여기서 끝이 나지만 부족한 점을 갖춰 다수가 필요로 하는 포용력과 추진력을 갖춘 리더가 되어야겠다고 다짐했습니다.

콕콕, 합격 포인트 찾기!

성공 자서전 노트

성공의 기준은 사람마다 다르지만 여기서는 자기실현이라고 전제한다.

자신이 마흔 중반이라 가정하고 나의 성공자서전을 써보자. 성공의 기준은 사람마다 다르지만 여기서는 자기실현이라고 전제를 한다. 내가 원하는 꿈을 이루었다고 생각하고 아래에 제시된 항목을 하나씩 채워보자.

1. 성공 자서전, 생생 합격이야기

20년 후 나의 일기 : 오늘도 어김없이 일찍 일어나 출근을 했다. 새로 시작할 방송 프로젝트가 있어서 24시간을 48시간처럼 쓰고 있는 요즘, 몸은 피곤하지만 마음만은 행복하다. 오전에 4차 스텝회의를

- 최고 업적 소개

- 성공에 가장 큰 힘을 준 사람 소개

- 성장과정 소개

- 꿈을 갖게 된 동기(계기) 소개

- 그 꿈을 이루기 위한 노력 소개

- 가장 힘들었던 것과 극복의지 소개

- 성공 비결 소개

- 가장 소중하게 여기는 가치 소개

- 미래 계획 소개

- 주변사람들에게 감사하는 마음과 다짐 소개

했는데 작가진, AD, PD, FD, 조연출 모두 애써주는 바람에 어느 정도 틀이 만들어졌다. 오후에는 땡땡 잡지와 땡땡 신문에서 새 프로젝트에 대한 인터뷰가 두 건이나 있어서 얼른 마무리하고 사무실로 들어갔다. 몇 시간 후 인터뷰한 기사가 인터넷에 떴고 네티즌들의 반응은 뜨거웠다. 실시간 검색어에도 뜨고 댓글도 많이 달렸다. 모두들 기대하는 눈치다. 기대에 부응해야 할 텐데……. 저녁에는 PD들만 다시 회의를 가졌다.

　장소와 사람(MC, guest) 섭외 및 오디션 결과를 각자 보고하고 콘티와 콘셉트도 구체적으로 짰다. 밤이 되어서야 회의를 마쳤고 뒤늦게 숙대 동창회에 나갔다. 오랜만에 친구들과 만나니 너무 반가웠다. 모두 사회에서 진취적인 여성의 역할을 하고 있는 내 친구들, 참 멋있다! 즐거운 시간을 보내고 집에 도착해서 메일을 열어보니 전 방송에서 도움을 받았던 사람이라며 고맙다고 메일이 와 있다.

　방송 일을 15년 동안 해오면서 이런저런 일로 힘들 때도 많았지만 내가 만든 방송을 보고 이렇게 즐거워하는 사람들이나, 도움을 받아 조금이나마 고통 속에서 벗어난 사람들을 보면 없던 힘도 솟아오른다. 어렸을 적부터 세상에 선한 영향력을 끼치면서 살고 싶은 것이 꿈이었는데 PD가 되어 방송으로 사회에 이바지하는 사람이 되어서 너무 기쁘다. 아 내일 또 나를 필요로 하는 세상을 향해 달려야지! 얼른 자야겠다. 굿 나이트.

콕콕, 합격 포인트 찾기!

chapter 2

말, 표현 지수를 높여라!

　말은 글과 달리 입체적이고 더 고도의 예술성을 요하는 표현능력이다. 같은 내용이라도 누가 어떤 상태에서, 어떤 목소리로, 어떤 감정과 느낌으로 전달하느냐에 따라 달리 받아들이기 때문이다. 글은 맥락과 해석이 중요하다면 말은 화자의 환경과 직관이 중요하다. 이러한 말의 특징을 고려해 듣기 역량 기르기, 말하기 역량 기르기, 다양한 내용의 인터뷰하기 등을 통해 나만의 독창적인 말, 표현 지수를 높여보자.

듣기 역량 노트

입학사정관전형에서는 경청능력도 점수다.

말을 잘 하려면 다른 사람의 말을 잘 들어야 한다. 나는 다른 사람의 말을 어떻게 경청하는지 듣는 습관을 점검해 보자. 그리고 가까운 사람들에게 나의 경청태도에 대해서 점검을 부탁하자. 자기 습관을 자기가 스스로 의식해서 고치기란 어렵기 때문이다. 입학사정관전형에서는 경청능력도 점수라는 것을 잊지 말자.

🔲 듣기 역량, 생생 합격이야기

1단계 학생부에서는 학교성적이 뛰어난 학생들과 비교할 때 제가 많이 부족하지만 학업에 최선을 다했기 때문에 대학 학문을 배우는 데 있어서 부족함이 없는 능력임을 보여드릴 수 있다고 생각했습니

- 듣기 습관 점검하기
  장점, 결점

- 적극적 경청하기 기술
  표정언어, 몸짓언어 등

- 수업시간 메모하기

- 뉴스 메모하기

다. 2단계 서류전형에서는 활동경력서를 제출했습니다. 활동경력서
에는 교내, 교외의 다양한 활동을 기록했는데 활동 중심이 아니라,
활동 속에서 얻었던 감동과 깨달음, 반성에 중점을 두었습니다. 그로
인해 제가 한 걸음씩 발전했으며 올바른 가치관을 가지게 되었다는
점을 강조했습니다. 또한 저의 활동경력에서 얻었던 신문기사를 스
크랩하고, 좋은 결과를 얻었던 상장들의 사본과 임명장, 제 봉사활동
기록 등을 제출했습니다.

 저의 노력의 대가로 1·2단계까지 무사히 통과했는데 마지막 3단계
심층면접은 무척 힘들었습니다. 사실 저는 미리 가보는 대학 입학사
정관제 체험캠프에 참여했던 적이 있습니다. 그 경험에서 얻었던 깨
달음을 바탕으로 면접에 참여했습니다. 면접은 토론면접과 전공적합
면접 두 가지로 이루어졌습니다.

먼저 토론면접은 기존의 구술면접전형에서 실시하는 단순한 시사문제로 이루어진 찬반토론과는 확연히 차이가 있었습니다. 다른 의견을 비판하고, 자신의 의견에 부합한 결과를 얻을 수 있는 타결능력을 보는 것이 아니라, 사회생활에서 실제적으로 반드시 필요한 타인의 의견을 존중하고 자신의 의견과 일치점을 찾아 타협해 다수의 수요에 맞는 의견을 도출할 수 있는 능력을 중시한다는 것을 알 수 있었습니다. 그래서 저는 우선 다른 의견들을 경청하고 의견들의 주요사항과 공통점들을 찾는 데 집중했습니다. 그런데 토론자 다섯 명 중 한 토론자만이 다른 의견을 내어 대립하는 상황이 생겼습니다.

이 과정에서 저는 소수의 의견을 존중할 줄 아는 면모를 보여야 한다고 생각했고, 그 의견과 다수의 의견에 대한 최대한의 일치점을 찾아서 모두의 의견을 반영할 수 있는 타협점을 제시해, 마찰이나 비난 없이 토론을 이끌 수 있었습니다. 그러한 과정에서 저는 자연스럽게 토론을 이끄는 주체가 되었습니다. 또한 토론의 과정에서 단 한 가지 주제에 멈추어서 깊게 하기보다는 제시문에 해당하는 모든 내용에 합당하는 주제를 설정하고, 마무리까지 마칠 수 있도록 노력했습니다.

두 번째 전공적합성면접에서는 제시문이 주어졌습니다. 전공적합성면접을 준비하기 위해서 제가 지원한 인문학에 대한 기초적인 내용을 공부했고, 제가 해왔던 활동들을 바탕으로 지원한 동기, 인문학을 전공한 후의 저의 구체적인 진로계획과 입학 후의 학업계획을 철저하게 준비했습니다. 다른 학부에서는 지원한 동기와 학업계획을 묻고, 그에 대한 답변을 중시했다고 들었지만, 저희 인문학부에서는 기초적인 학업능력과 문장의 이해력, 창의성을 중요시한다고 생각합니다. 평범한 언어지문처럼 보였지만 그 속에서 리더와 우리 사회에 관해 연관시키는 질문을 하셨습니다.

예상치 못한 면접방식에 조금 당황했지만 침착하려고 노력했고, 바른 태도로 제 생각을 조리 있게 말하려고 노력했습니다. 제가 대답한 내용의 질도 물론 중요하지만 저의 예의와 교수님께 저의 의견을 전달하는 태도가 바르도록 노력했습니다. 부족했을지는 모르지만 최선을 다해서 면접에 임했던 저의 자세가 좋은 결과를 얻을 수 있게 했다고 생각합니다.

콕콕, 합격 포인트 찾기!

말하기 역량
노트

입학사정관전형에서는 말하기, 듣기, 읽기, 쓰기 네 가지 영역을 모두 평가한다.

　말하기, 듣기, 읽기, 쓰기는 모든 공부의 기본이다. 그런데 기존 교육에서 지필평가에만 의존하다 보니 읽기를 제외한 말하기, 듣기, 쓰기능력은 취약해져 버렸다. 입학사정관전형에서는 이 네 가지 영역을 모두 사용한다. 특히 심층면접을 통해 말하기와 듣기 역량을 집중적으로 평가한다. 말하기 습관은 하루아침에 고치기 어렵다. 동아리 활동 등 소규모 학습활동 때 발표와 토론을 겸하는 자세가 필요하다.

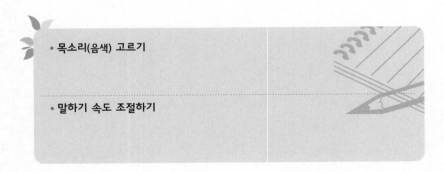

- **목소리(음색) 고르기**

- **말하기 속도 조절하기**

⒒ 말하기 역량, 생생 합격이야기

청소년 모의국회

➜ 회의 첫째 날

개회사가 끝난 뒤, 각자의 위원회로 이동했다. 처음에 들어서자마자 각자의 명패가 있어서 자리를 찾아앉았다. 금방 회의가 시작됐는데, 위원장이나 부위원장들은 조금은 어색했는지 진행이 매끄럽지가 않았다. 나도 집에서는 준비한 것에 대해 '이렇게 발표해야지.' 라는 다짐을 했는데 막상 회의가 시작되니 걱정도 되고 입이 굳어서 발표하기가 쉽지 않았다. 다른 의원들도 긴장한 모습이 역력했다. 특히 다들 정말 어른들처럼 정장을 입고 있었기 때문에 더 분위기가 어색하고 굳어져 있었던 것 같다.

하지만 위원장이 회의를 시작하고 발표를 유도하니까 의원들도 점점 적응을 하고 발표하기 시작했다. 먼저 안건에 대해 의원들이 발언권을 얻은 뒤, 의견발표를 했다. 첫 번째 안건은 인터넷 실명제와 사이버 모욕죄였다. 실제 국회에서는 당에 따라서 그 당에 속한 의원들도 입장을 달리하지만, 모의국회에서는 당을 나누긴 했어도 그 당에 구애받지 않고 발표를 할 수 있었다. 나는 인터넷 실명제와 사이버 모욕죄 처벌에 찬성을 하지만 현행 인터넷 실명제와 사이버 모욕죄를 사이버상의 특성도 고려해 개정을 해야 한다는 쪽으로 의견을 발표했다. 그렇게 몇몇 의원들의 의견 발표를 하고 나서는 본격적으로 안건에 대해 찬성 혹은 반대의 입장으로 정리해 발표했다. 여기서부터 본격적인 토론이 시작되었다. 서로의 근거에 반박을 하고 같은 의견을 가지고 있는 의원들끼리 의견을 주고받는다든지 후에 있을 결의안에 대해 논의를 했다.

식사를 하고 약간의 토론시간을 가진 뒤, 결의안 작성시간이 됐다. 앞서서 찬반 토론을 할 때 자신과 같은 의견인 의원들과 결의안을 함께 작성하는 것이었다. 나도 대략적으로는 결의안을 써가긴 했는데 어떤 식으로 구성하는지 잘 몰라서 다른 결의안보다 많이 부족했다. 결의안이 3~4개 정도 나왔는데, 각각의 결의안에 대해 다 토론하고 찬반 투표하는 과정을 거치면서 의원들도 처음에는 긴장했지만 토론할 때는 적극적이었다. 나도 처음에는 떨지 말고 잘 발표해야겠다는 생각을 했다. 하지만 막상 발표하러 단상에 나갔을 때는 떨려서 뭘 말하고 들어왔는지도 생각이 안 날 지경이었다. 그럭저럭 첫 번째 안건에 대한 토론이 끝났다.

➔ 회의 둘째 날
회의 둘째 날에는 그 전날 마무리 짓지 못한 결의안에 대해서 대표 발의자가 발표를 하고 최종 투표를 했다. 나는 완벽한 결의안을 작성하지 못했기 때문에 여러 결의안 중 나와 비슷한 의견 결의안의 공동 발의자 명단에 서명을 했다. 첫째 날은 내가 적응을 못해서 공동 발의자였던 결의안이 채택되지 못했다. 하지만 다음 주제인 저작권법에 관한 토론을 했다.

나는 평상시에 시사 문제에 대한 관심은 있었지만 정치 분야에 대한 지식이 많이 부족해서 회의 진행과정이나 결의안 작성 등의 활동에 많은 어려움을 겪었다. 그래서 귀가 후 저작권법에 관한 조사를 많이 해갔다. 둘째 날이어서 그런지 다른 의원들도 본격적으로 회의에 참가했다. 나도 더 논리적으로 발표를 하려고 노력했다. 첫째 날과 마찬가지로 안건에 대한 자유로운 발표 후, 찬반발표를 하고 결의안 작성시간이 주어졌다. 이번에는 의견이 같은 의원들과 결의안을 작성했다. 나는 집에서 생각한 의견을 추가했다.

현행법과는 조금 다르게 저작물에 대한 저작자와 사용자 간의 직접 이용계약을 위한 웹을 따로 만드는 것을 개정안으로 세웠다. 사이버상의 공간으로 통합된다면 저작권을 행사여부에 따라 저작자를 구분할 수 있을 뿐더러 저작물 이용을 정리할 수 있다. 그래서 나와 다른 공동 발의자의 결의안을 현행 저작권법을 개정하는 내용으로 완성해 제출했다. 나름대로 정리를 했는데 사실 워낙 급하게 준비한 것이어서 평상시에 관심을 가지지 못했던 점이 아쉬웠다. 시간상 나의 결의안은 토론하지 못하고 국회가 끝났다.

➜ 회의 셋째 날 ~ 폐회식

회의 둘째 날에 제출되었던 결의안은 다 부결되고 말았다. 결국 나와 여러 의원들이 낸 결의안이 채택되었고, 같이 결의안을 준비했던 의원들은 모두 기뻐했다. 시간이 많이 촉박해서 다들 걱정했지만, 그래도 끝까지 잘 발표하고 토론해준 공동발의자 의원들에게 고맙다고 서로 자축했다. 또 나는 내가 생각해낸 개정 법안이 결의안에 추가되어서 더 기뻤다. 하지만 국회 입법이 정말 어렵다는 것을 다시 한 번 느꼈다.

이렇게 주어진 안건에 대해 결의안을 다 통과시킨 뒤, 크라이시스(crisis)라는 돌발상황이 주어졌다. 김정일 국방위원장의 서거로 남북 관계가 위험한 상황이라는 것이다. 그래서 우리 문화체육관광위원회에서도 그 의미에 맞게 북한 국민들에게 어떤 식으로 접근할 수 있을지 회의하라는 미션이 주어졌다. 당끼리 모여서 여러 가지 방안을 토론했다. 민주당 당원끼리는 북한 국민들이 혼란에 빠져 있으므로 남한에서 대중 매체를 장악해 그 매체를 통한 북한 국민의 심리적 안정을 꾀해야 한다는 방안을 제시했다. 특히, 나는 북한의 대중 매체로 우리 남한에서 만든 영상 같은 것을 보여주는 것이 좋겠다고 제안을 했다. 그리고 그 영상의 내용은 남한과 북한이 한 민족이라는 것을 강조하는 역사적 사건 관련 영상이 좋을 것이라고 제안했다. 이러한 돌발상황은 현재 우리나라의 상황과도 연관이 있는 것이어서 더욱 관심이 갔다. 나는 사실 북한에 대해 모르는 것도 많았지만 주어진 상황에서 최선을 다해 방안을 제시한 것 같아 뿌듯했다.

그리고는 늦은 점심을 먹으면서 인기투표를 했다. 다들 웃고 딱딱했던 회의시간에서 벗어나 재밌게 회의를 마무리했다. 그리고 같이 공동발의자를 했던 의원들과 친해져서 좋은 추억으로 남을 수 있었다. 뒷정리를 하고 폐회식을 하러 강당으로 갔다. 정치외교학과 학과장님이 폐회사를 하시고 의원들을 격려해주셨다. 힘들기도 했지만 나름대로 우리나라 국회의 입법과정에 대해서도 알 수 있었고 해보지 못한 경험을 한 것 같아서 의미 있었다. 특히 내가 평소에 편중된 분야의 지식을 가지고 있는 것 같아서 고쳐야겠다고 생각했다.

폐회식 시상식에서는 생각지도 않게 은상을 받았다. 나름대로 열심히 하긴 했지만, 나보다도 더 발표를 잘한 의원들이 많았는데 내가 상을 받아서 기쁘기도 했지만 한편으론 미안하기도 했다. 대표로 강단에 올라서서 학과장님께 직접 상을 받는데 너무 떨려서 제대로 인사도 못했던 것 같다. 폐회식을 하고 나니 아쉽기도 했지만 다들 일상으로 돌아가서 열심히 공부하고 가끔 연락하자며 인사를 나누었다.

콕콕, 합격 포인트 찾기!

면접 훈련 노트

계열별 전공별로 스터디그룹을 만들어 반복적인 모의연습을 하라.

　입학사정관전형은 면접전형이라고 해도 과언이 아니다. 면접관은 전임입학사정관, 교수입학사정관, 위촉사정관 등이 참여한다. 대학이나 전형마다 조금씩 다르기는 하지만 대개 제출서류에 대한 진위성, 전공적합성, 인성, 무엇보다도 자기비전과 자신감 열정 등을 평가한다.

　면접의 형태는 일대일 개별면접과 다대다 집단면접, 그리고 집단토론면접 등으로 이루어진다. 면접 준비는 계열별 전공별로 스터디그룹을 만들어 반복적인 모의연습을 하는 것이 가장 좋다. 아래의 발문을 참조해 연습하고 더 다양한 발문을 발굴해 문제은행식으로 관리하면서 꾸준하게 연습하자.

입학사정관전형 면접 모의문제

공통

....
01 롤 모델을 소개하라.

....
02 지금까지 살면서 자신에게 가장 의미 있었던 경험에 대해 말해 보라.

....
03 자신이 읽었던 책 가운데 자신에게 가장 큰 영향을 끼친 책을 소개하라.

....
04 지금까지 살면서 자신에게 가장 어려웠던 경험에 대해 말해 보라.

....
05 자신의 성장환경을 말하고 그 환경적 특성이 지원자 자신의 삶과 장래 계획에 미친 영향을 말해 보라.

....
06 지금까지 살아온 자신을 평가한다면 100점 만점에 몇 점을 줄 것인가.

07 자신이 전공을 선택하게 된 이유 및 배경은 무엇이며 그 선택에 영향을 준 경험(인물, 서적, 사건) 등에 대해 보라.

08 자신의 특별활동 또는 특정 분야 활동의 내용은 무엇이며, 그 과정에서 발휘한 능력이 장래에 어떠한 도움을 줄 것이라고 생각하는지 구체적으로 말해 보라.

09 지금까지 살면서 자신에게 가장 자랑스러웠던 일 하나를 소개하라.

10 최근 2~3년 사이에 사람, 책, 영화, 공연, 예술작품 가운데서 자신의 삶에 꿈이나 희망을 심어준 것이 있다면 하나를 선택해 구체적으로 설명하라.

11 개인적 문제, 사회의 문제, 국내외 문제 가운데 하나의 문제를 들어 그것이 왜 자신에게 특별히 중요한지에 대해 구체적으로 말해 보라.

12 자신이 지금까지 쌓아온 업적과 능력이 대학의 학업과정을 통해 개인적, 사회적으로 어떻게 발현될 수 있을지 말해 보라.

13 임원활동, 자치활동, 행사활동 등과 같은 교내외활동을 통해 발휘된 대표적인 리더십 역량을 말해 보라.

14 자신이 추천하는 가장 대표적인 봉사활동 내용을 소개하고, 봉사활동을 하면서 느꼈던 현장체험을 자기실현과 연관지어 구체적으로 말해 보라.

15 자신이 가장 관심 있는 분야는 무엇이며, 그 분야에 언제부터 왜 관심을 가지게 되었는지 설명해 보라.

16 자신만의 특정소양은 무엇이라고 생각하는지 소개하고, 자신의 특정소양을 성장시키는 데 영향을 준 것을 구체적으로 말해 보라.

17 자신이 속한 지역을 위해 수행한 실질적 활동(지역 내의 학생활동, 봉사활동, 사회단체활동 등)을 소개하고, 그러한 활동에서 느낀 지역사회 갈등과 문제를 설명하고, 이를 개선하기 위해 자신은 어떻게 기여할 수 있는지 말해 보라.

18 자신의 가치관 형성에 영향을 미친 인물이나 사건을 중심으로 자신이 우선시하는 가치에 대해 말해 보라.

19 입학 후, 대학생활을 통해…창의적이고 리더십이 있는 인재로 성장할 가능성에 대해 말해 보라.

20 글로벌 시대에 세계시민의 자질을 갖추기 위해서 가장 필요한 것은 무엇인지 말해 보라.

21 자신의 좌우명을 소개해 보라.

22 자신을 가장 잘 나타낼 수 있는 단어 다섯 가지를 들고 그 이유를 말하라.

국어국문학과

• 문학작품은 반드시 윤리적이어야 하는가?

• 21세기 국제화, 세계화 시대에서 국어국문학은 무슨 역할을 수행해야 하는가?

• 문학의 가치는 무엇인가?

• 국어생활과 삶의 질 사이의 상관성을 말해 보시오.

• 한국어만의 특징을 설명해 보시오.

영어영문학과

• 가장 감명 깊게 읽은 영미문학작품 하나를 소개해 보시오.

• 본인에게 가장 효과적인 영어 학습방법은 무엇인가?

• 영어공용화에 찬성하는가?

• 가장 인상 깊은 영어 단어 하나를 소개해 보시오.

• 우리나라 영어교육의 문제점 및 대안은?

중어중문학과

• 중국어의 특징을 한 가지만 소개해 보시오.

• 중국의 역대 문학 작품명을 아는 대로 말해 보시오.

• 중국고대의 제자백가에 대해서 설명해 보시오.

• 21세기 중국어의 비전을 말해 보시오.

일어일문학과

• 우리말 속에 남아 있는 일본어 단어를 아는 대로 말해 보시오.

• 일본어의 문자의 종류는 무엇이고, 어떻게 구분해서 사용하는가?

• 한국과 일본의 문화의 차이 한 가지를 소개해 보시오.

• 일본문학의 특징 한 가지를 말해 보시오.

사학과

• 자기 출신지역을 역사적 관점에서 소개해 보시오.

• 위인을 평가하는 가장 중요한 기준은 무엇인가?

- 역사연구에서 외국어 능력이 중요한 이유는 무엇인가?

- 역사이해에서 가장 중요시해야 할 가치는 무엇인가?

- 역사교사에게 가장 중요한 덕목은 무엇인가?

철학과

- 가장 존경하는 철학자는 누구인가?

- 철학은 비현실적인 학문인가?

- 성선설, 성악설, 백지설 가운데 하나를 선택한다면?

- 동양철학과 서양철학의 차이점을 이야기해 보시오.

- 종교와 철학의 공통점과 차이점은 무엇인가?

- 철학은 무엇이라고 생각하는가?

아동청소년학과

- 사람을 평가하는 데 가장 중요한 기준은 무엇인가?

• 현대사회에서 아동상담의 필요성이 증가하는 이유는 무엇인가?

• 우리나라에서 가장 시급히 이루어져야 할 아동청소년복지는 무엇인가?

• 입양문제에 대해서 어떻게 생각하는가?

• 청소년의 건전한 발달을 위해 가장 필요한 환경적 조건은 무엇이라고 생각하는가?

문예창작학과

• 문학어와 과학어의 차이는 무엇인가?

• 시어의 중요성에 대해 설명하시오.

• 작가에게 가장 필요한 것은 무엇인가?

• 앞으로 창작계획을 말해 보시오.

• 좋아하는 작가에 대하여 말해 보시오.

정치외교학과

• 오늘날 시민운동에 대해서 어떻게 생각하는가?

• 가장 존경하는 정치인은 누구인가?

• 우리나라 외교의 문제점과 대책을 말해 보시오.

• 민주제가 가장 좋은 제도인가?
• 선거제도의 문제점과 개선책을 말해 보시오.

• 대통령이 된다면 가장 먼저 무엇을 할 것인가?

행정학과

• 행정학에 대해서 아는 대로 말해 보시오.

• 우리 지역 행정의 문제점 한 가지를 지적해 보시오.

• 공무원 비리를 근절할 수 있는 아이디어를 제시해 보시오.

• 공무원노조는 허용되어야 하는가?

• 양극화 문제의 해결방안을 말해 보시오.

경제학과

• 경제적 관점에서 남북통일의 당위성을 말해 보시오.

- 학력 인플레이션이 초래하는 문제는 무엇인가?

- 청년실업문제는 시장논리에 맡겨야 하는가?

- 녹색경제에 대해서 아는 대로 말해 보시오.

경영학과

- 경영학과 경제학의 차이는 무엇인가?

- 한미 FTA가 EU 등 다른 국가 간 FTA보다 민감한 이유는 무엇인가?

- 기업경영에서 가장 중요한 것은 무엇인가?

- 기업의 사회적 책임은 무엇인가?

- 경영학에서 배우는 것은 무엇이며, 특히 관심 있는 분야는 무엇인가?

언론정보학과

- 미디어의 종류에는 무엇이 있는가?

- 신문은 미래에도 존속할 것인가?

- 우리나라 언론의 가장 큰 문제점은 무엇인가?

• 언론은 정치권력과 자본으로부터 자유로울 수 없는가?

• 디지털 문화의 장단점은 무엇인가?

수학과

• 명제란 무엇인가?

• 평균값 정리란 무엇인가?

• 소수란 무엇이며 어떤 의미가 있는지 말해 보시오.

• 미분의 현실적용 사례를 들어보시오.

• 우리나라 수학교육의 문제점은 무엇인가?

물리학과

• 영화에서 총알을 맞은 사람이 날아가 떨어지는 것을 물리법칙으로 설명해 보시오.

• 통섭학문의 관점에서 물리학의 의미를 설명해 보시오.

• 탄성 충돌과 비탄성 충돌을 비교하여 설명해 보시오.

• 물리학과 철학의 공통점과 차이점을 설명해 보시오.

화학과

• 화학의 가장 큰 매력은 무엇이라고 생각하는가?

• 화학과에서 배우는 것은 무엇인지 아는 대로 설명해 보시오.

• 물과 기름이 섞이지 않고 물과 에탄올이 섞이는 현상을 설명하시오.

• 원자주기율표의 의미에 대해서 설명하시오.

식품영양학과

• 다이어트가 인체에 미치는 영향에 대해서 설명하시오.

• 한국 전통음식의 세계화 가능성에 대하여 말해 보시오.

• 아침결식의 문제점에 대하여 설명하시오.

• 우리나라 요식산업의 가강 큰 문제점은 무엇인가?

생명과학정보학과

• 신종인플루엔자 원인균에 대해서 아는 대로 설명하시오.

• 유전자 변형생물에 대해서 설명하시오.

• GMO란 무엇인지 설명하시오.

전기공학과

• 미분, 적분의 개념을 거리, 속도, 가속도로 설명하시오.

• 발전기와 전동기의 작동원리를 초등학교 5학년 학생이 있다고 가
  정하고 예를 들어 설명하시오.

• 전기공학이란 무엇이라고 생각하며, 어떤 의미가 있는가?

전자공학과

• 우리나라는 IT강국인가?

• 복소수, 실수, 그리고 유리수와의 관계를 설명하시오.

• 로피탈의 정리와 그 응용을 예를 들어 설명하시오.

- 반도체의 개념과 전자와의 연관관계를 설명하시오.

- 미래 IT산업을 전망해 보시오.

환경생명공학과

- 우리나라는 환경 선진국인가?

- 온실가스를 줄일 수 있는 가장 효과적인 방법을 소개해 보시오.

- 속도와 속력의 차이와 미분과의 관계를 설명해 보시오.

- BOD, COD, 재생에너지에 대해서 설명해 보시오.

건축공학과

- 좋은 건축은 무엇이라고 생각하는가?

- 가장 인상에 남은 건축물 하나를 소개하시오.

- 건축의 사회적 공헌은 무엇이라고 생각하는가?

- 아파트와 전통한옥은 만날 수 없는가?